**Univers des Lettres Bordas**

Sous la direction de Fernand Angué

# MOLIÈRE

# LE MÉDECIN MALGRÉ LUI

## LE MÉDECIN VOLANT

Comédies
avec une notice sur le théâtre au XVIIᵉ siècle,
une biographie chronologique de Molière, une étude
générale de son œuvre, une analyse méthodique
du MÉDECIN MALGRÉ LUI, une interprétation rythmée
et assonancée du VILAIN MIRE, des notes,
des questions

par

Fernand ANGUÉ
Professeur honoraire de Première au Lycée Chaptal

**Bordas**

Le théâtre-boutique d'un charlatan
Gravure anonyme du XVIIᵉ siècle

© Bordas, Paris 1963 - 1ʳᵉ édition;
© Bordas, Paris, 1984 pour la présente édition
I.S.B.N. 2-04-016055-8; I.S.S.N. 0249-7220

# LE THÉÂTRE AU XVIIᵉ SIÈCLE

**Origines du théâtre parisien**

    1402    (décembre).   Les Confrères de la Passion (société de bons bourgeois : tapissiers, merciers, épiciers, notables) sont installés par Charles VI à l'hôpital de la Sainte-Trinité, rue Saint-Denis. Ils y présentent des mistères, des farces, des moralités.

    1539    Ils transportent leur siège à l'Hôtel de Flandre.

    1543    Celui-ci démoli, ils font construire une salle à l'emplacement de l'hôtel des anciens ducs de Bourgogne (il en reste la Tour de Jean-sans-Peur et une inscription au nº 29 de la rue Étienne-Marcel), tout près de l'ancienne Cour des Miracles.

    1548    (17 novembre).   Un arrêt du Parlement défend aux Confrères la représentation des pièces religieuses, leur réservant en retour « le monopole des représentations dramatiques à Paris, dans ses faubourgs et dans sa banlieue » (A. Adam); ce monopole sera renouvelé par Henri IV en 1597.

**Les troupes au XVIIᵉ siècle**

    1. L'**Hôtel de Bourgogne.** — Locataires de la Confrérie, les « Comédiens français ordinaires du Roi », dirigés par Bellerose après Valleran le Conte, sont des « artistes expérimentés » mais, vers 1660, leur équipe a vieilli. Ils reçoivent une pension de 12 000 livres que leur avait fait donner Richelieu.

    2. Fondé en 1629, le **Théâtre du Marais,** qui fit triompher *le Cid* en 1637, n'a plus, en 1660, « un seul bon acteur ny une seule bonne actrice », selon Tallemant des Réaux. La troupe cherche le salut dans les représentations à grand spectacle. Elle ne touche plus aucune pension.

    3. Les **Italiens** sont animés par Tiberio Fiurelli, dit Scaramouche. Ils improvisent, sur un canevas, selon le principe de la *commedia dell'arte*. S'exprimant en italien, ils sont « obligés de gesticuler [...] pour contenter les spectateurs », écrit Sébastien Locatelli. Ils reçoivent 16 000 livres de pension générale et des pensions à titre personnel.

    4. La **troupe de Molière** s'installe à Paris en 1658, d'abord au Petit-Bourbon, puis au Palais-Royal; en 1665, devenue Troupe du Roi, elle reçoit 6 000 livres de pension. « Tous les acteurs aimaient M. de Molière leur chef, qui joignait à un mérite et à une capacité extraordinaires une honnêteté et une manière obligeante qui les obliga à lui protester qu'ils voulaient courir sa fortune, et qu'ils ne le quitteraient jamais, quelque proposition qu'on leur fît et quelque avantage qu'ils pussent trouver ailleurs » (préface de Vinot et La Grange pour l'édition des Œuvres de Molière, 1682).

    5. L'**Opéra,** inauguré le 3 mars 1671 au jeu de paume de

Laffemas, près de la rue de Seine et de la rue Guénégaud, sera dirigé, à partir de l'année suivante, par Lully.

6. **Autres troupes** plus ou moins éphémères : celle de Dorimond ; les Espagnols ; les danseurs hollandais de la foire Saint-Germain ; les animateurs de marionnettes. Enfin, de dix à quinze troupes circulent en province, selon Chappuzeau.

En **1673** (ordonnance du 23 juin), la troupe du Marais fusionne avec celle de Molière, qui a perdu son chef. Installés à l'hôtel Guénégaud, ces **comédiens associés** se vantent d'être les Comédiens du Roi ; cependant, ils ne touchent aucune pension.

En **1680** (18 août), ils fusionnent avec les Grands Comédiens ; ainsi se trouve fondée la **Comédie-Française**. « Il n'y a plus présentement dans Paris que cette seule compagnie de comédiens du Roi entretenus par Sa Majesté. Elle est établie en son hôtel, rue Mazarini [puis rue des Fossés Saint-Germain, aujourd'hui rue de l'Ancienne-Comédie, à partir de 1689], et représente tous les jours sans interruption ; ce qui a été une nouveauté utile aux plaisirs de cette superbe ville, dans laquelle, avant la jonction, il n'y avait comédie que trois fois chaque semaine, savoir le mardi, le vendredi et le dimanche, ainsi qu'il s'était toujours pratiqué » (Vinot et La Grange).

## Les comédiens : condition morale

Par ordonnance du 16 avril 1641, Louis XIII les a relevés de la déchéance qui les frappait : « Nous voulons que leur exercice, qui peut innocemment divertir nos peuples de diverses occupations mauvaises, ne puisse leur être imputé à blâme, ni préjudice à leur réputation dans le commerce public. »

Cependant, le *Rituel du diocèse de Paris* dit qu'il faut exclure de la communion « ceux qui sont notoirement excommuniés, interdits et manifestement infâmes : savoir les [...] comédiens, les usuriers, les magiciens, les sorciers, les blasphémateurs et autres semblables pécheurs ». La *Discipline des protestants de France* (chap. XIV, art. 28) stipule : « Ne sera loisible aux fidèles d'assister aux comédies et autres jeux joués en public et en particulier, vu que de tout temps cela a été défendu entre chrétiens comme apportant corruption de bonnes mœurs. »

En revanche, le *Privilège* donné par Louis XIV à l'Académie royale de musique lors de son institution en 1669 précise : « Voulons et Nous plaît, que tous les Gentilshommes, Damoiselles, et autres personnes puissent chanter audit Opéra, sans que pour ce ils dérogent en titre de Noblesse, ni à leurs Privilèges, Charges, Droits et Immunités (Durey de Noinville, *Hist. du théâtre de l'Acad. royale de musique*, 2e éd., 1757, I, p. 79-80).

## Les comédiens : condition matérielle

Les comédiens gagnent honnêtement leur vie : de 2500 à 6000 livres par an ; ils reçoivent une retraite de 1 000 livres lorsqu'ils abandonnent la scène (à cette époque un charpentier gagne 1/2 livre par jour). La troupe forme une société : chacun touche une part, une moitié ou un quart de part des recettes — déduction faite des 80 livres de frais (un copiste, deux décorateurs, les portiers, les gardes, la receveuse, les ouvreurs, les moucheurs de chandelles) que coûte à peu près chaque représentation. Le chef des Grands Comédiens touche une part et demie. Molière en touche deux, à cause de sa qualité d'auteur (les auteurs ne recevaient pas: comme aujourd'hui, un pourcentage sur les recettes).

## Les salles

En 1642, Charles Sorel évoque ainsi l'Hôtel de Bourgogne « Les galeries où l'on se met pour voir nos Comédiens ordinaires me déplaisent pour ce qu'on ne les voit que de côté. Le parterre est fort incommode pour la presse qui s'y trouve de mille marauds mêlés parmi les honnêtes gens, auxquels ils veulent quelquefois faire des affronts [...]. Dans leur plus parfait repos, ils ne cessent de parler, de siffler et de crier, et parce qu'ils n'ont rien payé à l'entrée et qu'ils ne viennent là que faute d'autre occupation, ils ne se soucient guère d'entendre ce que disent les comédiens.»

Dans les trois théâtres, la plupart des spectateurs sont debout; au parterre. Certains occupent la scène — des hommes seulement — côté cour et côté jardin [1] : deux balustrades les isolent des comédiens qui se tiennent au centre du plateau. D'autres spectateurs occupent les galeries, les loges. Une buvette offre des limonades, des biscuits, des macarons.

Le prix des places est passé de 9 sous (en 1640) à 15 sous (en 1660) pour le parterre; de 10 sous (en 1609) à 19 sous (en 1632), puis à un demi-louis (en 1660), soit 110 sous (prix indiqué dans *la Critique de l'École des femmes* — sc. 5 — en 1663), pour les galeries, le plateau ou les loges. On saisissait d'ailleurs toute occasion d'élever les prix : pièces « à machine », nouveautés, grands succès. Pour *la Toison d'or* de Corneille (1660), on dut payer un demi-louis au parterre et un louis dans les loges. Les Grands (princes du sang, ducs et pairs), les mousquetaires et les pages du roi entrent au théâtre sans payer. Les pages suscitent parfois du désordre que le Lieutenant de police doit réprimer.

Chassés de l'hôtel Guénégaud en 1687, les Comédiens français s'installeront le 8 mars 1688, au jeu de paume de l'Étoile, rue des Fossés-Saint-Germain (aujourd'hui, de l'Ancienne-Comédie) où ils resteront jusqu'en 1770. Inaugurée le 18 avril 1689, la nouvelle salle accueillera près de 2 000 spectateurs; vingt-quatre lustres l'illumineront, mais il n'y aura de sièges au parterre qu'en 1782, dans la salle que nous nommons l'Odéon.

Annoncées pour 2 heures (affiches rouges pour l'Hôtel de Bourgogne, rouges et noires pour la troupe de Molière), les représentations ne commencent qu'à 4 ou 5 heures, après vêpres.

Il y a un rideau de scène, mais on ne le baisse jamais, à cause des spectateurs assis sur le plateau; des violons annoncent l'entracte.

---

1. Regardons la scène, conseillait Paul Claudel, et projetons-y les initiales de *Jésus-Christ*, nous saurons où est le côté *Jardin* et le côté *Cour*.

# L'ÉPOQUE DE MOLIÈRE

**Règne de Louis XIII 1610-1643**

| | | |
|---|---|---|
| 1621 | Naissance de La Fontaine. | **Jeunesse** |
| 1622 | Richelieu nommé cardinal. | |
| 1623 | Naissance de Pascal (19 juin). | |
| | *Histoire comique de Francion* par Charles Sorel. | |
| 1624 | *Lettres* de Louis Guez de Balzac. | |
| 1625 | *Les Bergeries* de Racan. | |
| 1626 | Naissance de Mme de Sévigné. | |
| | Édit de Nantes ordonnant la destruction des châteaux fortifiés. | |
| 1627 | Naissance de Bossuet. | |
| | Fondation de la Compagnie du Saint-Sacrement. | |
| | Construction du palais de Delhi. | |
| 1628 | Mort de Malherbe. | |
| | Harvey explique la circulation sanguine. | |
| 1630 | *Quatre Dialogues* par La Mothe le Vayer. | |
| 1631 | Théophraste Renaudot fonde *la Gazette*. | **Études.** |
| 1632 | *La Leçon d'anatomie* par Rembrandt. | |
| 1633 | Saint-Cyran devient directeur de conscience à Port-Royal. | |
| | Galilée abjure devant l'Inquisition. | |
| 1634 | *Sophonisbe*, tragédie de Mairet. | |
| | Fondation des Filles de la Charité par Vincent de Paul. | |
| 1635 | *Médée*, tragédie de Corneille. | |
| | Fondation de l'Académie française. | **Carrière.** |
| 1636 | Naissance de Boileau. | |
| | Fondation de l'Université de Harvard. | |
| 1637 | *Le Cid*, tragédie de Corneille. | **Vocation.** |
| | *Discours de la méthode* par Descartes. | |
| | Débuts de la Société des Solitaires de Port-Royal. | |
| 1639-1641 | Révolte des « va-nu-pieds » en Normandie. | |
| 1640 | *Horace*, tragédie de Corneille. | |
| | *Augustinus* par Jansénius. | |
| 1641 | *La Guirlande de Julie.* | |
| 1642 | *Polyeucte*, tragédie de Corneille. | |
| | Olier fonde la congrégation de Saint-Sulpice. | |
| | Mort de Richelieu. | |
| | Naissance de Newton. | |
| | Construction du château de Maisons-Laffitte. | |

# LA VIE DE MOLIÈRE (1622-1673)

**1622** (15 janvier). Baptême de Jean (nommé Jean-Baptiste en 1624 quand un second fils est baptisé Jean) POQUELIN à l'église Saint-Eustache (on ignore la date de naissance, ses parents étaient mariés depuis huit mois et dix-huit jours). La mère, Marie CRESSÉ, fille d'un tapissier, sait lire et écrire; elle mourra en 1632.

Le père, Jean Poquelin, riche marchand tapissier rue Saint-Honoré (vers le nº 96 d'aujourd'hui), achète à son frère Nicolas, en 1631, un office de tapissier ordinaire du roi; en 1633, il se remarie avec une autre fille de marchand, mais illettrée, Catherine FLEURETTE, qui mourra en 1636, le laissant veuf avec cinq enfants. « Tous les jours, les valets de chambre tapissiers aident à faire le lit du Roy. Ils sont obligés de garder les meubles de campagne pendant leur quartier et de faire les meubles de Sa Majesté. Ils confectionnent les meubles usuels, garnitures de lit, rideaux, fauteuils, tabourets, réparent et entretiennent les meubles quand la Cour marche en campagne » (document cité par Abel Lefranc [1]).

**1633 ?-1639** Jean-Baptiste chez les Jésuites du Collège de Clermont (aujourd'hui lycée Louis-le-Grand) qui compte près de 2 000 externes et 300 pensionnaires; les fils de grands seigneurs sont placés, en classe, devant une barrière de bois doré qui les sépare des autres élèves (le prince de Conty [2] y aura sa place, quelques années après la scolarité de Molière).

**1642** Études de droit à Orléans; il obtient sa licence, sans doute contre « épices » :

> Je sortis du collège et j'en sortis savant
> Puis, venu d'Orléans où je pris mes licences...
> *Élomire hypocondre*, sc. 2.

Après avoir été inscrit au Barreau six mois durant, Jean-Baptiste remplace son père — qui veut l'éloigner des Béjart — comme tapissier valet de chambre du roi (à qui il a prêté serment dès 1637) durant le voyage de celui-ci à Narbonne.

— Peut-être le grand-père Cressé (il signait : Louis *de* Cressé; pensons à M. Jourdain) conduisit-il l'enfant à l'Hôtel de Bourgogne.

— Peut-être le grand-père Poquelin lui donna-t-il l'occasion d'écouter et de voir les farceurs enfarinés : Turlupin, Gros-Guillaume, Gaultier-Garguille (mort en 1635), Guillot-Gorju (mort en 1648).

— Peut-être le jeune homme subit-il l'influence du philosophe épicurien Paul Gassendi, installé à Paris en 1641, et connut-il les épicuriens Chapelle, La Mothe le Vayer, Cyrano de Bergerac, d'Assoucy, qu'il devait fréquenter plus tard.

---

1. *Revue des Cours et Conférences*, 1909. — 2. La terre de Conty (et non *Conti*) se trouve en Picardie.

| | | Comédien parisien |
|---|---|---|
| 1643 | Mort de Louis XIII (13 mai). | |

**Régence d'Anne d'Autriche 1643-1661**

| | | |
|---|---|---|
| | Victoire de Rocroi (19 mai).<br>Condamnation de l'*Augustinus*. | |
| 1644 | Torricelli invente le baromètre. | |
| 1645 | Naissance de La Bruyère.<br>Gassendi professeur au Collège de France.<br>Mariage de Julie d'Angennes et de Montauzier. | |
| 1646 | Conversion des Pascal au jansénisme. | |
| 1647 | Expériences de Pascal sur le vide.<br>Naissance de Bayle et de Denis Papin. | |
| 1648-1653 | Fronde. | |
| 1648 | Fondation de l'Académie de peinture, de sculpture.<br>Traité de Westphalie.<br>*Les Pèlerins d'Emmaüs* par Rembrandt. | Poquelin devient Molière. |
| 1650 | Mort de Descartes. | |
| 1651 | *Nicomède*, tragédie de Corneille.<br>*Le Roman comique* par Scarron.<br>Naissance de Fénelon. | |
| 1653 | Condamnation du Jansénisme.<br>Fouquet surintendant des finances.<br>Cromwell protecteur d'Angleterre.<br>Vincent de Paul fonde l'Hospice général. | **Comédien ambulant** du duc d'Épernon, |
| 1654 | Nuit de Pascal (23 novembre). | |
| 1655 | Conversion du prince de Conty.<br>Pascal se retire à Port-Royal-des-Champs, Racine entre aux Petites-Écoles de Port-Royal-des-Champs. | |
| 1656 | *Le Voyage dans la lune* par Cyrano de Bergerac. | |
| 1656-1657 | *Lettres provinciales* par Pascal. | du prince de Conty, |
| 1656-1659 | Construction du château de Vaux. | |
| 1657 | Naissance de Fontenelle. | |
| 1658 | Corneille écrit les *Stances à Marquise* pour la Du Parc (Marquise Thérèse de Gorlat femme du comédien Du Parc).<br>Mort de Cromwell.<br>Création de l'Académie des sciences.<br>Publication des *Œuvres complètes* de Gassendi. | du gouverneur de Normandie. |

**1643** (16 juin).   Jean-Baptiste signe, avec les Béjart (Joseph, Madeleine et Geneviève, enfants d'un huissier à la maîtrise des Eaux et Forêts), l'acte de constitution de l'**Illustre Théâtre**; mais c'est Madeleine la directrice. Protégée par le baron de Modène, elle a une fille (ou une sœur : on discute toujours de la question), Armande, âgée de cinq ans.

Opinion de M. Jasinski (1951) : « Dans l'état actuel des connaissances la question demeure insoluble. »

Opinion de M. Adam (1956) : « Les érudits du XIXe siècle ont fait l'impossible pour démontrer [...] qu'Armande était bien la sœur de Madeleine. Mais tous les documents qu'ils ont mis à jour, par cela seul que ce sont des actes notariés, ne portent témoignage que de la vérité officielle adoptée par la famille. »

Opinion de M. Jacques Scherer (1958) : « Jeune sœur et non, semble-t-il, fille de Madeleine. »

1644   (1er janvier).   Après quelques représentations en province, débuts de la troupe au Jeu de paume des Métayers (il appartenait à Nicolas et Louis Métayer); en juillet, Jean-Baptiste prend le pseudonyme de **Molière** et devient directeur; en décembre, la troupe s'installe au jeu de paume de la Croix-Noire, d'une location moins élevée (quai des Célestins, no 32).

1645   Les affaires devenues franchement mauvaises, Molière est emprisonné pour dettes au Châtelet, durant quelques jours.

**1645-1658**   Molière libéré, l'Illustre Théâtre cherche fortune en province où il mène une vie moins famélique que celle dont Scarron nous a laissé le tableau dans *le Roman comique* (1651). La troupe est, en effet, protégée par le duc d'Épernon, gouverneur de Guyenne, qui lui donne pour directeur le comédien Charles Dufresne. Principales étapes : Albi, Carcassonne (1647); Nantes (1648); Toulouse, Narbonne (1649). En 1650, Molière reprend la direction de la troupe qui séjourne à Agen, **Lyon, Pézenas** (1650) : selon la légende, Molière se postait, chez le perruquier Gely, dans un fauteuil que l'on montre encore à Pézenas, pour entendre les conversations et observer les clients; Vienne, Carcassonne (1651); Grenoble, Lyon, Pézenas (1652). En 1653, la troupe passe sous la protection du **prince de Conty** (frère du Grand Condé), nouveau gouverneur de Guyenne, puis gouverneur du Languedoc. Montpellier, Lyon (1654); Avignon, Lyon, Pézenas (1655); Narbonne, Béziers (1656). En 1657, le prince de Conty, converti, retire son patronage à la troupe qui passe au service du gouverneur de Normandie. Lyon, Dijon, Avignon (1657); Lyon, Grenoble, Rouen (1658) où Molière rencontre Corneille. Durant ces tournées, le comédien compose des farces dont la plupart sont perdues (certaines n'étaient qu'un canevas sur lequel brodaient les acteurs). Il présente le personnage de **Mascarille** dans ses premières pièces connues : *l'Étourdi*, joué à Lyon en 1655, *le Dépit amoureux*, joué à Béziers en 1656.

| | | |
|---|---|---|
| 1659 | *Œdipe*, tragédie de Corneille.<br>Traité des Pyrénées. | **Auteur et directeur de théâtre parisien** |
| 1660 | Premières *Satires* de Boileau.<br>Mariage de Louis XIV et de Marie-Thérèse.<br>*Examens* et *Discours sur le poème dramatique* par Corneille.<br>Louis XIV fait brûler *les Provinciales*.<br>*Dictionnaire des précieuses* par Somaize. | au Petit-Bourbon (1658-1662), |

## Règne personnel de Louis XIV

| | | |
|---|---|---|
| 1661 | Mariage d'Henriette d'Angleterre avec Monsieur (mars).<br>Fêtes de Vaux en l'honneur du roi (17 août).<br>Arrestation de Fouquet (5 septembre).<br>*Élégie aux nymphes de Vaux* par La Fontaine.<br>Le Vau commence à construire le château de Versailles. | |
| 1662 | Mort de Pascal (19 août).<br>*Histoire comique* par Cyrano de Bergerac.<br>*Mémoires* de La Rochefoucauld. | au Palais-Royal (1662-1673). |
| 1663 | Premières pensions attribuées aux gens de lettres sur les indications de Chapelain.<br>Descartes mis à l'Index par l'Université de Paris ; Molière songe à faire une comédie sur ce sujet.<br>Boileau entre en relations avec Molière.<br>Querelle de *l'École des femmes ;* Molière attaqué dans sa vie privée. | |
| 1664 | Le roi apprend à faire des vers.<br>Premiers *Contes* de La Fontaine.<br>Molière joue *la Thébaïde* de Racine.<br>Dans *le Mariage forcé*, créé au Louvre (29 janvier), le roi danse, costumé en Égyptien.<br>Dispersion des religieuses de Port-Royal de Paris (août).<br>Condamnation de Fouquet (20 décembre). | **Comédien du roi**<br><br>Un de ces « valets intérieurs » par lesquels « le roi se communiquait particulièrement » (Saint-Simon.) |
| 1665 | Molière monte l'*Alexandre* de Racine (4 décembre) ; mais Racine le trahit pour l'Hôtel de Bourgogne (18 décembre).<br>Fondation du *Journal des savants*.<br>Mort de Mme de Rambouillet.<br>*Maximes* de La Rochefoucauld. | |

1658   (12 juillet). La troupe (dix acteurs et actrices) loue à Paris le Jeu de paume du Marais (il y avait 120 jeux de paume à Paris, et la vogue de la paume commençait à passer). Protégée par **Monsieur,** frère unique du roi, elle se taille bientôt une réputation inégalable dans le comique. En conséquence, le roi l'installe dans la salle du **Petit-Bourbon** où elle joue les lundi, mercredi, jeudi et samedi (les autres jours étaient réservés aux Comédiens italiens).

**1659**   (18 novembre). On joue **les Précieuses ridicules** (après *Cinna*) avec un succès éclatant. La pièce est imprimée en janvier 1660 : les auteurs sont « à présent mes confrères », ironise le comédien dans sa préface.

1660   Molière crée le personnage aux moustaches tombantes de **Sganarelle** [1] (le « laid humain personnifié et qui fait rire », selon Sainte-Beuve) et devient, selon Somaize, « le premier farceur de France ». Son frère étant mort, Molière reprend l'office de tapissier valet de chambre du roi.

1662   (20 février). A Saint-Germain-l'Auxerrois, il épouse **Armande Béjart** (elle a une vingtaine d'années de moins que lui : pensons à Arnolphe devant Agnès), fille ou sœur de Madeleine.

    Dans la magnifique salle du **Palais-Royal** (on démolit le Petit-Bourbon depuis octobre 1660 afin d'ériger la colonnade du Louvre) qu'elle partage avec les Italiens, et où elle restera jusqu'à la mort de Molière, la troupe triomphe [2] dans *l'École des femmes*. Molière reçoit la première pension accordée par le roi à un comédien. L'envie, la jalousie suscitent des cabales dirigées par les comédiens de l'Hôtel de Bourgogne (c'est la « guerre comique ») : on dénonce l'impiété de Molière; il a pour amis des gassendistes, disciples d'Épicure, et un historien catholique de nationalité suisse, M. Gonzague de Reynold, parle encore ainsi (*Le XVIIe siècle*, 1944, p. 63) de l'épicurisme : « C'est l'adversaire avec lequel on ne compose jamais. »

1664   (février). Réplique royale : le premier-né (qui mourra en mai) de Molière a pour parrain le roi et pour marraine Madame.

1664   (du 8 au 13 mai). Molière anime « les plaisirs de l'Ile enchantée » et fait représenter *la Princesse d'Élide*.

1664   (12 mai). Première représentation publique du *Tartuffe*. Mais, influencé par les dévots, le roi interdit de jouer la pièce en public.

1665   (15 fév.). *Dom Juan* [3] au Palais-Royal : 15 représentations seulement.

1665   (15 août). La troupe devient la **Troupe du roi** et reçoit 6 000 livres de pension.

1665   (27 novembre). Molière tombe malade d'une fluxion de poitrine et se trouve écarté de la scène durant deux mois. Il subit une rechute de quatre mois en 1666 et ne remontera sur les planches qu'en juin 1667.

---

1. Sganarelle apparaît dans *le Médecin volant* (valet de Valère), *le Cocu imaginaire* (bourgeois de Paris), *l'École des maris* (tuteur d'Isabelle), *Dom Juan* (valet de Don Juan), *l'Amour médecin* (bourgeois, père de Lucinde), *le Médecin malgré lui* (fagotier, mari de Martine). — 2. Elle joue maintenant les mardi, vendredi et dimanche, comme les Grands Comédiens. — 3. M. Antoine Adam (*Histoire de la littérature française au XVIIe siècle*, III, p. 321) a expliqué pourquoi il convient d'écrire *Dom* pour le titre de la pièce et *Don* pour le personnage.

| | | |
|---|---|---|
| 1666 | Mort d'Anne d'Autriche (22 janvier). | Deuils, douleurs. |
| | Mort du prince de Conty (10 février). | |
| | *Satires* I à VI de Boileau. | |
| | *Le Roman bourgeois* par Furetière. | |
| | Newton réalise la décomposition de la lumière. | |
| 1667 | M$^{lle}$ Du Parc quitte Molière pour l'Hôtel de Bourgogne où, le 22 novembre, elle crée le rôle d'Andromaque (elle mourra le 11 décembre 1668). | Disgrâce. |
| 1668 | *Fables* (livres I à VI) de La Fontaine. | Maladie |
| | *Les Plaideurs*, comédie de Racine. | et mort. |
| 1669 | *Oraison funèbre d'Henriette de France* par Bossuet. | |
| | *Britannicus*, tragédie de Racine. | |
| 1670 | Mort d'Henriette d'Angleterre (19 juin). | |
| | *Bérénice*, tragédie de Racine. | |
| | *Tite et Bérénice*, tragédie de Corneille. | Obsèques. |
| | Première publication des *Pensées* de Pascal. | |
| 1671 | Début de la *Correspondance* de Mme de Sévigné. | |
| | Début de la construction des Invalides. | |
| 1672 | Mort du chancelier Séguier, protecteur de l'Académie. | *Sic transit...* |
| | *Bajazet*, tragédie de Racine. | |
| | Louis XIV s'installe à Versailles. | |
| 1673 | Première réception publique à l'Académie française (13 janvier). | |
| | *Mithridate*, tragédie de Racine. | |

## Les aînés de Molière et ses cadets

| | | |
|---|---|---|
| Malherbe (1555) | | Pascal (1623).............. |
| .François de Sales (1567) | | Mme de Sévigné (1626)..... |
| ..Honoré d'Urfé (1568) | | Bossuet (1627)............ |
| ...Racan (1589) | Molière | Boileau (1636)........... |
| ....Vaugelas (1595) | né en 1622 | Racine (1639).......... |
| .....Balzac (1595?) | | La Bruyère (1645)...... |
| ......Descartes (1596) | | Bayle (1647)......... |
| ......Corneille (1606) | | Fénelon (1651)....... |
| ........Retz, La Rochefoucauld (1613) | | Fontenelle (1657).... |
| .........La Fontaine (1621) | | Saint-Simon (1675). |

## L'âge du succès

Racine *(Andromaque)* et Hugo *(Hernani)* : vingt-huit ans.
Corneille *(Le Cid)* : trente ans.
Molière *(Les Précieuses ridicules)* : trente-sept ans.
La Fontaine (premier recueil des *Fables*) : quarante-sept ans.
Stendhal, Rimbaud : plusieurs générations après leur mort.

1667    Armande et lui ayant décidé de vivre séparément, Molière loue un
        appartement dans le village d'Auteuil, afin de s'y reposer en compa-
        gnie de Chapelle, de Boileau et du petit Baron, âgé de quatorze ans,
        dont il fera un comédien.
1667    (5 août).    Seconde représentation publique du *Tartuffe*, sous le
        titre de *l'Imposteur*. Le lendemain, Lamoignon interdit la pièce.
1669    (5 février).    Le roi ayant levé l'interdiction de jouer *Tartuffe*,
        la recette atteint le chiffre record de 2 860 livres.
1669    (23 février).    Mort de Jean Poquelin, père de Molière.
1672    (17 février).    Mort de Madeleine Béjart, à cinquante-cinq ans,
        après une longue maladie (elle s'était repentie depuis un certain
        temps).
        Lully commence à supplanter Molière dans la faveur royale.
**1673**    (17 février).    **Molière tombe malade** durant la quatrième
        représentation du *Malade imaginaire* et **meurt** (de tuberculose ?)
        en son logis, rue de Richelieu. « Il passa des plaisanteries du théâtre
        au tribunal de Celui qui dit : *Malheur à vous qui riez, car vous
        pleurerez* » (Bossuet). Riche directeur de troupe, héritier de la
        charge paternelle, il faudra six jours aux hommes de loi pour faire
        l'inventaire de ses biens.
1673    (21 février, 9 heures du soir).    Après l'intervention du roi auprès
        de Mgr de Harlay, archevêque de Paris, on enterre le poète de
        nuit (car il était mort sans avoir renié sa vie de comédien devant
        un prêtre), au cimetière Saint-Joseph, dans le terrain réservé aux
        enfants mort-nés (donc non baptisés), « sans autre pompe sinon de
        trois ecclésiastiques ». Cependant, le même mémorialiste ajoute :
        « Quatre prêtres ont porté le corps dans une bière de bois, cou-
        verte du poêle des tapissiers, six enfants bleus portant six cierges
        dans six chandeliers d'argent, plusieurs laquais portant des flam-
        beaux de cire allumés »; huit cents personnes, dont Boileau et
        Chapelle, assistèrent aux funérailles.
1677    (29 mai).    Armande épouse le comédien Guérin d'Estriché.

## Documents les plus anciens

Les gazettes : *la Muse historique* (1652-1655); *la Muse héroï-
comique* (1664-1665); *la Muse royale* (1656-1666); *la Muse de la
cour* (1665-1666); *le Mercure galant*, fondé en janvier 1672 par
Donneau de Visé.
*Élomire hypocondre*, comédie en cinq actes de Le Boulanger de
Chalussay (1670).
Le registre de La Grange, tenu de 1659 à 1685.
Le registre de La Thorillière.
*La Fameuse Comédienne ou histoire de la Guérin, auparavant femme
et veuve de Molière* (1688).
*La Vie de Molière* par Grimarest (1705).
*Addition à la vie de Molière* par Grimarest (1706).
*Vie de Molière et Commentaires* par Voltaire (1764).
Georges Mongrédien, *Recueil des textes et des documents du XVIIᵉ s.
relatifs à Molière*, C.N.R.S., 2 vol. 1966.

# MOLIÈRE : L'HOMME

**Il n'était pas beau.** « Les gravures de Brissart en 1682 prouvent qu'il
était bas sur jambes, et que le cou très court, la tête trop forte et
enfoncée sur les épaules lui donnaient une silhouette sans prestige »
(A. Adam. *op. cit.*, III, p. 224).

Cependant, débarrassé de ses oripeaux de comédien, « il se fit
remarquer à la Cour pour un homme civil et honnête, ne se préva-
lant point de son mérite et de son crédit, s'accommodant à l'humeur
de ceux avec qui il était obligé de vivre, ayant l'âme belle, libérale,
en un mot possédant et exerçant toutes les qualités d'un parfait
honnête homme » (Préface de Vinot et La Grange, 1682).

**Il portait en scène deux moustaches** noires, épaisses et tombantes,
comme son maître Scaramouche. Il les supprima en 1666, pour
jouer Alceste ; les spectateurs furent déçus.

**Mime génial,** il arrivait en scène les pieds largement ouverts, comme
Charlot ; « tout parlait en lui, et d'un pas, d'un sourire, d'un clin
d'œil et d'un remuement de tête, il faisait plus concevoir de choses
que le plus grand parleur n'en aurait pu dire en une heure » (Donneau de Visé).

**Esprit parisien,** un peu gaulois, il fut « le premier farceur de France »
selon Somaize ; d'une « charmante naïveté », selon Boileau, « dans
les combats d'esprit savant maître d'escrime » (*Satires*, II). « Il
n'est bon bec que de Paris », selon le proverbe, mais l'esprit parisien se présente sous des formes variées : narquois et tendre chez
Villon ; amer et satirique chez Boileau ; mondain, épigrammatique
chez Voltaire ; insolent, persifleur chez Beaumarchais ; irrespec-
tueux et rieur chez le jeune Musset. En Molière, l'esprit s'unit
au bon sens, selon une tradition bien française. « Nous goûtons
chez lui notre plaisir national » (Taine).

**Nous n'avons de Molière aucune lettre, aucun manuscrit,** et
cependant combien de manuscrits possédons-nous qui datent du
XVIIe siècle ? N'y a-t-il pas là un mystère[1] semblable à celui qui
entoure Shakespeare ? « Il y a autour de Molière un mystère que
personne n'a jamais éclairci. Qui nous dira pourquoi nous n'avons
de lui aucune espèce d'autographe, fors sa signature [...] ? Il
semble qu'il ait souffert, sur la fin de sa vie, d'étranges machina-
tions, qui nous demeureront à jamais inconnues » (Francis
Ambrière, *la Galerie dramatique*, 1949, p. 273).

---

1. Pierre Louÿs (voir *la Nouvelle Revue* du 1er mai 1920) a pu insinuer que
Corneille serait l'auteur des pièces auxquelles Molière aurait seulement prêté
son nom, et Abel Lefranc a « démontré » que l'auteur des pièces signées par
le comédien Shakespeare serait William Stanley, comte de Derby. M Henri
Poulaille argumente de façon très abondante sur la thèse de Pierre Louÿs, qu'il
reprend à son compte dans *Corneille sous le masque de Molière*, 1957.

# MOLIÈRE : SES PRINCIPES

**1. Le metteur en scène** aurait été approuvé par l'auteur du *Paradoxe sur le comédien* puisque Diderot voulait qu'on joue « de tête » et non d'inspiration : « Chaque acteur sait combien il doit faire de pas, et toutes ses œillades sont comptées » (Donneau de Visé, à propos de *l'École des femmes*).

« Un coup d'œil, un pas, un geste, tout [...] était observé avec une exactitude qui avait été inconnue jusque-là sur les théâtres de Paris » (noté par La Grange sur son précieux carnet de régisseur).

**2. L'écrivain** voulait instruire et plaire, mais sans s'astreindre à des règles rigoureuses ; ses préfaces nous en informent :

1660, préface des *Précieuses ridicules :* « Le public est juge absolu de ces sortes d'ouvrages. » *Les Précieuses* « valent quelque chose puisque tant de gens en ont dit du bien ».

1662, avertissement des *Fâcheux :* « Je tiens aussi difficile de combattre un ouvrage que le public approuve que d'en défendre un qu'il condamne. »

1663, *Critique de l'École des femmes :* « Je me fierais assez à l'approbation du parterre, par la raison qu'entre ceux qui le composent, il y en a plusieurs qui sont capables de juger d'une pièce selon les règles et que les autres en jugent par la bonne façon d'en juger, qui est de se laisser prendre aux choses, et de n'avoir ni prévention aveugle, ni complaisance affectée, ni délicatesse ridicule » (Dorante, sc. 5).

« La grande épreuve de toutes vos comédies, c'est le jugement de la Cour [...] c'est son goût qu'il faut étudier pour trouver l'art de réussir [...] il n'y a point de lieu où les décisions soient si justes [...] on s'y fait une manière d'esprit qui, sans comparaison, juge plus finement des choses que tout le savoir embrouillé des pédants » (Dorante, sc. 6).

« Vous êtes de plaisantes gens avec vos règles, dont vous embarrassez les ignorants et nous étourdissez tous les jours [...]. Je voudrais bien savoir si la grande règle de toutes les règles n'est pas de plaire » (Dorante, sc. 6).

1669, préface de *Tartuffe :* « Si l'emploi de la comédie est de corriger les vices des hommes, je ne vois pas pour quelle raison il y en aura de privilégiés [...]. Les plus beaux traits d'une sérieuse morale sont moins puissants, le plus souvent, que ceux de la satire ; et rien ne reprend mieux la plupart des hommes que la peinture de leurs défauts [...]. On veut bien être méchant ; mais on ne veut point être ridicule. » « Une comédie est « un poème ingénieux qui, par des leçons agréables, reprend les défauts des hommes. »

1682, préface de l'édition complète par Vinot et La Grange : « Jamais homme n'a mieux su que lui [Molière] remplir le précepte qui veut que la comédie instruise en divertissant. »

Il s'est donné « pour but dans toutes ses pièces d'obliger les hommes à se corriger de leurs défauts ».

**Castigat ridendo mores,** « elle corrige les mœurs en riant » : devise de la comédie, imaginée par le poète Santeul (1630-1697).

En le faisant rire, Molière plut au public de son temps, La Fontaine l'a noté dans une épître à Maucroix, écrite après le succès des *Fâcheux* (1661) :

> Cet écrivain, par sa manière,
> Charme à présent toute la Cour,
> De la façon dont son nom court,
> Il doit être par-delà Rome [*où est Maucroix*].
> J'en suis ravi, car c'est mon homme.

Il instruisit le public de son temps par ses études de mœurs et de caractère, La Fontaine l'en loua dans la même épître :

> Nous avons changé de méthode;
> Jodelet [1] n'est plus à la mode,
> Et maintenant il ne faut pas
> Quitter la nature d'un pas.

**Le satirique** « disait que rien ne lui donnait du déplaisir comme d'être accusé de regarder quelqu'un dans les portraits qu'il fait; que son dessein est de peindre les mœurs sans toucher aux personnes et que tous les personnages qu'il représente sont des personnages en l'air, et des fantômes proprement, qu'il habille à sa fantaisie pour réjouir les spectateurs [...] et que si quelque chose était capable de le dégoûter de faire des comédies, c'était les ressemblances qu'on y voulait toujours trouver, et dont ses ennemis tâchaient malicieusement d'appuyer la pensée pour lui rendre de mauvais offices auprès de certaines personnes à qui il n'a jamais pensé » (*l'Impromptu de Versailles*, sc. 4).

# MOLIÈRE : SON ŒUVRE

## 1. L'esprit gaulois du Parisien nous a légué 4 farces [2]

*La Jalousie du Barbouillé*, 12 sc. en prose; *le Médecin volant* (jouée par Molière en 1659), 16 sc. en prose; *Sganarelle ou le Cocu imaginaire* (1660), 24 sc. en vers; *le Médecin malgré lui* (1666), 3 actes en prose.

La farce faisant « rire le parterre », Molière lui restera fidèle : on en trouve des traces dans les grandes comédies, depuis *les Précieuses* (1659) jusqu'au *Malade imaginaire* (1673).

---

1. Acteur qui appartint à la troupe du Marais, entra à l'Hôtel de Bourgogne en 1634, puis dans la troupe de Molière en 1659. Il mourut en 1668. Avec son nez de blaireau et son poil gris, il maintint la tradition de la farce. — 2. On connaît le titre d'un certain nombre de « petits divertissements » par lesquels, en province, puis à Paris, Molière achevait ses représentations. Mais on ne sait s'il en fut l'auteur. M. Antoine Adam (III, p. 251) pense que toutes les farces où paraissent Gros-René (*la Jalousie de Gros-René*, 1660; *Gros-René écolier*, 1662), Gorgibus (*Gorgibus dans le sac*, 1661), un médecin (*le Médecin volant*) ou un pédant (*le Docteur pédant*, 1660) sont de Molière. M. A.-J. Guibert a publié en 1960 un *Docteur amoureux* qu'il croit être de Molière et que celui-ci aurait présenté au Louvre le 24 octobre 1658.

**2. Le comédien du roi a conçu 15 comédies-ballets** et autres pièces mêlées de chansons et de danses pour répondre au goût du monarque, danseur remarquable : *les Fâcheux* (1661), comédie « faite, apprise et représentée en quinze jours » *(Avertissement)*, 3 actes en vers ; *le Mariage forcé* (1664), comédie jouée d'abord en 3 actes, aujourd'hui faite de 10 sc. en prose sans ballets ; *les Plaisirs de l'Ile enchantée* (1664), en trois « journées », et *la Princesse d'Élide*, 5 actes en prose mêlée de vers ; *l'Amour médecin* (1665), 3 actes en prose, comédie faite, apprise et représentée en cinq jours ; *Dom Garcie de Navarre ou le Prince jaloux*, comédie héroïque, 5 actes en vers, écrite en 1659, jouée en 1661 ; *Mélicerte* (1666), comédie pastorale héroïque, 2 actes en vers ; *Pastorale comique* (1667), 6 sc. en vers ; *le Sicilien ou l'Amour peintre* (1667), 20 sc. en prose ; *Monsieur de Pourceaugnac* (1669), 3 actes en prose ; *les Amants magnifiques ou Divertissement royal* (1670), 5 actes en prose ; *le Bourgeois gentilhomme* (1670), 5 actes en prose ; *Psyché* [1] (1671), tragédie-ballet, 5 actes en vers ; *la Comtesse d'Escarbagnas* (1671), 9 sc. en prose ; *le Malade imaginaire* [2] (1673), 3 actes en prose.

Certaines comédies de ce groupe rejoignent la farce *(la Comtesse d'Escarbagnas)*, d'autres s'élèvent jusqu'à la comédie de caractère *(le Malade imaginaire)*.

**3. Le polémiste a écrit 2 comédies critiques** (aujourd'hui, un auteur attaqué se défendrait en écrivant dans les journaux ; outre qu'ils étaient rares au XVIIe siècle et de parution peu fréquente, Molière, comédien avant tout, aimait s'adresser directement à son public) : *la Critique de l'École des femmes* (1663), 7 sc. en prose ; *l'Impromptu de Versailles* (1663), 11 sc. en prose.

**4. L'acteur n'a pas oublié que l'art dramatique est action** *(drama)*, d'où **4 comédies d'intrigue** : *l'Étourdi ou les Contretemps* (jouée à Lyon en 1653-1655), 5 actes en vers ; *le Dépit amoureux* (jouée à Béziers en 1656), 5 actes en vers ; *Amphitryon* (1668), 3 actes en vers ; *les Fourberies de Scapin* (1671), 3 actes en prose.

**5. Le « rare génie » nous a laissé 9 comédies de mœurs et de caractères :** *les Précieuses ridicules* (1659), 17 sc. en prose : le succès de cette farce qui s'élève jusqu'à la satire des mœurs peut être comparé à celui du *Cid* (1637) pour Corneille et d'*Andromaque* (1667) pour Racine ; *l'École des maris* (1661), 3 actes en vers ; *l'École des femmes* (1662), 5 actes en vers ; *Dom Juan ou le Festin de Pierre* (1665), 5 actes en prose ; *le Misanthrope* (1666), 5 actes en vers ; *George Dandin ou le Mari confondu* (1668), 3 actes en prose ; *Tartuffe ou l'Imposteur* (1664 pour 3 actes, puis 1669), 5 actes en vers ; *l'Avare* (1668), 5 actes en prose ; *les Femmes savantes* (1672), 5 actes en vers.

---

1. Écrite avec la collaboration de Corneille et de Quinault. — 2. Lully ayant obtenu, le 13 mars 1672, un véritable monopole des représentations musicales, défense fut faite à toute troupe de comédiens d'utiliser plus de 6 chanteurs et de 12 instrumentistes. Ainsi Molière se trouva-t-il écarté de la faveur royale et, bien que destiné à la Cour, *le Malade imaginaire* ne fut pas joué devant le roi.

# LA FARCE
## DU « MÉDECIN MALGRÉ LUI »

### 1. Représentation et publication

Trois mois après avoir montré les « brusques chagrins » d'un grand seigneur bougon, amoureux et jaloux (le Misanthrope, 4 juin 1666), Molière se présentait au public du Palais-Royal avec le pourpoint jaune, les bas de laine et l'escarcelle d'un fagotier bon vivant : Sganarelle.

Est-ce à dire qu'ayant grondé sous un masque quasi-tragique, le comédien tenait à reprendre le « mascarille » de l'amuseur par goût de la dialectique dramatique ? ou bien faut-il penser que le chef de troupe, afin de retrouver des recettes fructueuses (« Je connais son humeur, avait-il dit de lui-même dans l'Impromptu de Versailles : il ne se soucie pas qu'on trouble ses pièces pourvu qu'il y vienne du monde »), voulait satisfaire « le parterre » que le Misanthrope avait déconcerté [1] ? Les deux hypothèses sont valables. Malheureux en ménage, attaqué par un mal inexorable, il se trouvait parfois porté vers le pessimisme ; mais sa philosophie lui interdisait de broyer du noir (voir le Malade imaginaire, P. C. B., p. 26) et, s'il s'en était fait accroire, il eût pu dire, avant Figaro : « Je me presse de rire de tout, de peur d'avoir à en pleurer. »

Acteur professionnel, responsable d'une troupe et auteur pressé par les affiches à renouveler, il disposait d'une sorte de répertoire où non seulement figuraient des répliques amusantes, des esquisses de pièces, mais des farces entières, plus ou moins de son cru, et dont parfois il essayait l'effet sur les spectateurs. Bien peu nous sont parvenues car il les jugeait indignes de l'impression, et ses manuscrits, confiés à La Grange en 1673, furent, après la mort de cet excellent comédien, bien dispersés par sa veuve (ancienne femme de chambre de Mlle De Brie) qu'on en a perdu la trace. D'après le Registre de La Grange, l'une de ces farces, le Fagotier ou le Fagoteux, aurait été représentée à Paris en 1661 et en 1663 ; d'après La Thorillière, elle serait revenue à l'affiche le 9 septembre 1664, sous un titre nouveau : le Médecin par force. « Il faut croire [...] que ce n'était guère qu'une parade informe, puisque l'écrivain négligea d'y attacher son nom » (A. Adam, Hist. de la littérature française au XVIIe s., III, p. 356). Mais il faut croire aussi que l'accueil fait à cette « parade » fut prometteur puisque l'auteur en tira une comédie en trois actes, le Médecin malgré lui, présentée au Palais-Royal le 6 août 1666, avec la Mère coquette de Donneau de Visé. Et la comédie du médecin supposé plut tellement au public qu'on la lui offrit à chaque représentation jusqu'à la fin de l'année : soit avec le Favori de Mlle Desjardins, soit avec les Fâcheux

---

1. « Il ne s'agit pas, comme on l'a souvent prétendu, de soutenir par une farce les recettes d'une œuvre compromise. Les deux pièces n'ont été jouées ensemble que quatre fois (les 3, 5, 7 et 10 septembre) » (Pierre Brisson, Molière, 1942, p. 180)

soit enfin, à partir du 3 septembre, avec *le Misanthrope* dont, grâce à cet appui, les recettes remontèrent de 212 livres (dixième représentation) à 632.

Vingt jours après la première, dans *la Muse dauphine* du 26 août, le gazetier Robinet enregistrait ainsi le succès du *Médecin malgré lui* :

> Dites-moi, s'il vous plaît,
> Si le temps vous permet de voir la comédie,
> *Le Médecin par force* étant beau comme il est,
>     Il faut qu'il vous en prenne envie.
>     Rien au monde n'est si plaisant,
>     Ni si propre à vous faire rire;
>     Et je vous jure qu'à présent
>     Que je songe à vous en écrire,
>     Le souvenir fait, sans le voir,
>     Que j'en ris de tout mon pouvoir.
>     MOLIÈRE, dit-on, ne l'appelle
>     Qu'une petite bagatelle;
> Mais cette bagatelle est d'un esprit si fin
>     Que, s'il faut que je vous le die,
>     L'estime qu'on en fait est une maladie
> Qui fait que dans Paris tout court au *Médecin*.

Adoptée par le public, la farce fut imprimée (le 24 décembre 1666, en même temps que *le Misanthrope*, pour le compte du libraire Jean Ribou). Jouée cinquante-neuf fois jusqu'à la mort de l'auteur, elle vint à l'affiche plus de trois cents fois entre 1676 et 1715. Au XIXe siècle et au XXe, elle a dépassé toutes les pièces de Molière, y compris *Tartuffe*, par le nombre des représentations à la Comédie-Française.

## 2. Les sources, les thèmes

Observations personnelles, anecdotes rapportées par des amis, contes et pièces anciennes ou modernes, tout servait à Molière pour bâtir ses comédies : avec Boileau, Racine et La Fontaine, il estimait que l'originalité réside dans la manière, non dans la matière.

Eut-il entre les mains le texte du *Vilain mire* (voir p. 91 et suiv.) ? On méprisait les siècles « gothiques » depuis la Renaissance, et les libraires de l'époque classique s'intéressaient peu aux fabliaux. Il put en tout cas connaître **l'aventure du paysan devenu médecin** par la voie orale : le folklore conserve quantité de récits dont le thème rappelle celui des 150 fabliaux qui nous sont parvenus. Il n'eut peut-être pas l'occasion de lire *les Serées* (1584-1598) de Guillaume Bouchet où figure l'histoire d'une femme qui se venge de son mari en affirmant que, sous les coups de bâton, il s'avouera médecin (10e et 30e *Serées* ou soirées). Mais il put trouver cette histoire dans un recueil de contes italiens ou, qui sait, chez un auteur irlandais. Les érudits ont découvert le thème du *Vilain mire* dans la fable sanscrite du Goukasaptati, chez Lope de Vega (1562-1635), chez Tirso de Molina (1571-1648), chez Adam Olearius (1603-1671)... L'aventure du rustre devenu médecin et qui se tire d'affaire avec plus de virtuosité qu'un professionnel dut libérer tant de gens de la crainte atavique du sorcier.

**La guérison d'une princesse muette,** Molière n'eut pas à la chercher, car il aimait Rabelais et il connaissait *Pantagruel*. Dans le chapitre xxxiv du Tiers Livre, Pantagruel rappelle à son maître Ponocrates qu'à Montpellier celui-ci joua, en compagnie de Rabelais et de sept amis, *la Morale Comoedie de celluy qui avoit espousé une femme mute* (reprise en 1912 par Anatole France sous ce titre : *la Comédie de celui qui épousa une femme muette*) :

« *Je y estois (dist Epistemon). Le bon mary voulut qu'elle parlast. Elle parla par l'art du Medicin et du Chirurgien, qui luy coupperent un encyliglotte qu'elle avoit soubs la langue. La parolle recouverte, elle parla tant et tant que son mary retourna au Medicin pour remede de la faire taire. Le Medicin respondit en son art bien avoir remedes propres pour faire parler les femmes, n'en avoir pour les faire taire. Remede unicque estre surdité du mary contre cestuy interminable parlement de femme* [1]. *Le paillard devint sourd par ne sçay quelz charmes qu'ilz feirent. Sa femme, voyant qu'il estoit sourd devenu, qu'elle parloit en vain, de luy n'estoit entendue, devint enragée. Puys le Medicin demandant son salaire, le mary respondit qu'il estoit vrayement sourd, et qu'il n'entendoit sa demande. Le Medicin luy jecta on ne sçay quelle pouldre, par vertus de laquelle il devint fol. Adoncques le fol mary et la femme enragée se raslièrent ensemble, et tant bastirent les Medicin et Chirurgien qu'ilz les laisserent à demy mors. Je ne ris oncques tant que je feis à ce Patelinage.* »

Lorsqu'on relit cette page après *le Médecin malgré lui*, la dette de Molière envers Rabelais apparaît nettement : à la scène 6 de l'acte III (l. 1060 et suiv.), Sganarelle répond à Géronte dans des termes analogues à ceux que le « Medicin » avait employés pour répondre au « mary » de « la femme mute » :

GÉRONTE. — *Monsieur, je vous prie de la faire redevenir muette.*

SGANARELLE. — *C'est une chose qui m'est impossible. Tout ce que je puis faire pour votre service est de vous rendre sourd, si vous voulez.*

**La querelle entre le fagotier Sganarelle et sa femme Martine** contient en elle-même une vertu comique venue du fond des âges et qui anime la première partie du *Vilain mire* (voir p. 91-93, v. 1 à 129) : les auteurs les plus anciens, et de tous pays, se sont moqués du mari craignant pour la vertu de sa femme ou de l'épouse acariâtre et du mari bon enfant qui laisse passer l'orage. Dans son propre ménage, Molière pouvait hélas observer l'épanouissement de ces travers. Mais on ne rit franchement que des autres. Aussi préférait-il penser aux querelles héroï-comiques du perruquier **Didier l'Amour** et de sa seconde femme, Anne Dubuisson [2]. Boileau, qui les connaissait bien, lui rapportait souvent quelque anecdote délectable dont s'amusait le moraliste. S'ils descendent

---

1. Nous soulignons les répliques utilisées par Molière. — 2. L'Amour avait épousé Anne Géronard le 7 octobre 1638; vingt ans plus tard, le 20 octobre 1658, il s'était remarié avec Anne Dubuisson.

en droite ligne du vilain mire et de sa noble dame, le fagotier Sganarelle et sa femme Martine doivent certainement quelques traits au ménage mal accordé du perruquier.

## 3. La satire de la médecine

Quant aux **plaisanteries sur la médecine et les médecins,** Molière eut le seul embarras du choix. Quel auteur comique, quel philosophe n'a pris pour cible la crédulité des malades et la prétention des guérisseurs ? Aristophane dans *les Nuées ;* Plaute dans *les Ménechmes* (V, 4 et 5); Montaigne dans *les Essais* (II, 37 et III, 12); Montfleury dans *Mariage de rien* (1660, sc. 11); Scarron dans *le Roman comique* (1651-1657); Lope de Vega (1562-1635) dans *El Acero de Madrid ;* Tirso de Molina (1583 ?-1648) dans *la Fingida Arcadia ;* Adam Olearius dans son *Voyage en Moscovie* (1647, trad. fr. 1656); Cervantès dans *El Licenciado Vidriera* (l'une des *Nouvelles exemplaires,* 1613); Boursault dans *le Médecin volant...* Encore faudrait-il compléter cette liste indicative par le nom des moralistes qui, à l'occasion, comme Pascal, M^me de Sévigné, La Fontaine, introduisirent dans une pensée, une lettre, une fable, quelque remarque sarcastique sur la vanité de la médecine. En raillant les médecins et les patients, Molière s'engageait dans une armée qui ne manqua jamais de soldats; et il en devint vite le chef puisque, durant toute sa carrière dramatique, il s'en prit à la médecine, notamment dans cinq pièces : *le Médecin volant* (18 avril 1659); *Dom Juan ou le Festin de Pierre* (15 février 1665); *l'Amour médecin* (13 septembre 1665) que La Grange cite toujours, dans son *Registre,* sous le titre des *Médecins ; le Médecin malgré lui* (6 août 1666); *le Malade imaginaire* (10 février 1673).

Rien n'étant plus cher à l'homme que sa propre vie, on imagine aisément qu'il puisse devenir la proie de ceux qui prétendent la lui conserver ou la prolonger. Sous des noms très divers, combien d'élixirs de longue vie, de jouvences lui a-t-on proposés et continue-t-on de lui offrir ? « Tant que les hommes pourront mourir et qu'ils aimeront à vivre, le médecin sera raillé et bien payé », formule La Bruyère (*les Caractères,* XIV, 65).

C'est la crédulité des malades que Molière dénonce avant tout. Quelle stupidité de s'insurger contre la toute-puissante nature! Quoi qu'on fasse, elle l'emportera. Aucun médecin ne pouvait mettre un terme à la toux qui le prenait en scène et dont ses ennemis se moquaient cruellement à son passage (voir *l'Avare* **Bordas,** p. 61, et *le Malade imaginaire* **Bordas** , p. 26 et 43). Depuis le 14 novembre 1664, elle lui interdisait d'être l' « orateur » de la troupe; La Grange le remplaçait dans cet emploi. Le 27 décembre 1665, une fluxion de poitrine le terrassa. Il se remit. Trop vite, sans doute, puisque, selon Le Boulanger de Chalussay, on le découvrit, un jour, évanoui devant sa porte. Durant l'hiver qui suivit la représentation du *Médecin malgré lui,* en décembre 1666, il subit une rechute et, quatre mois durant, garda le lit. Le teint blême, les yeux plombés, il savait désormais qu'aucun orviétan, aucun

catholicon [1] ne lui permettrait d'atteindre un grand âge. La médecine avait-elle pu empêcher ses deux enfants de mourir préma-
turément ? Le fils de son ami La Mothe Le Vayer avait été littéra-
lement tué, à l'âge de trente-cinq ans, par des médecins qui n'avaien
rien compris à son cas. La médecine enrichissait les médecins
voilà tout ce que l'on pouvait mettre à son actif, La Bruyère devai
le dire (*les Caractères*, XIV, 68) : « Il y a longtemps que l'or
improuve [critique] les médecins, et que l'on s'en sert ; le théâtre
et la satire ne touchent pas à leurs pensions ; ils dotent leurs filles,
placent leurs fils aux parlements et dans la prélature, et les rail-
leurs eux-mêmes fournissent l'argent. »

On se tromperait si l'on supposait que, par sotte prévention
Molière ignorait l'art médical. Il fréquenta Gabriel Naudé (1600-
1653), dont il préférait l'aristotélisme un peu étroit aux spécula-
tions chimériques de ses confrères. Il fréquenta Gassendi (1592-
1655) qui, bien avant Fontenelle, ramenait systématiquement à
l'évidence les disputeurs engagés dans le commentaire d'un fait
non établi. Il fréquentait François Bernier (1621-1688), Chauvelin... Il s'entretenait souvent avec son médecin personnel,
M. de Mauvillain, par deux fois exclu de la Faculté en raison
de son esprit subversif. Dans la bibliothèque de Molière figurait
le traité du fameux Dioscoride, Pedanios Dioscoride, médecin
militaire et botaniste du premier siècle de notre ère, qui établit
la préparation des drogues sur des bases scientifiques, permit la
distillation avant l'invention de l'alambic et dressa le catalogue
des plantes médicinales.

« Molière n'a fait monter la médecine en spectacle de raillerie
sur le théâtre que par intérêt et pour se venger contre une famille
de médecins, sans se mettre fort en peine des règles du théâtre,
et particulièrement de celles de la vraisemblance » : on ne saurait
retenir cette accusation portée par Jean Bernier dans ses *Essais
de médecine* (1689). Certes, un « médecin de comédie », à plus
forte raison un personnage de farce n'est qu'une caricature. Mais
faut-il ne voir, dans toute caricature, qu'un acte de vengeance ?
La rancune n'animait pas plus le caricaturiste du *Médecin malgré
lui* qu'elle n'animera La Fontaine lorsqu'il écrira « les Deux Rats,
le Renard et l'Œuf » (*Fables*, IX, 21) ou *le Quinquina* (1682), —
poème inspiré par un opuscule de son ami médecin, François
de la Salle, dit Monginot : *la Guérison des fièvres par le quinquina*.
Parlant de « peuples sans lois, sans arts, sans sciences », comme
les Iroquois, le fabuliste les envie d'échapper à la purgation et à la
saignée. Heureux les gens simples ! soupire-t-il avant Rousseau,
laudateur des Montagnons. Ils ignorent l'esclavage qui, soumet-
tant le malade civilisé à la médecine, le condamne à la plainte et

---

1. Sur ce remède, dont on a tant parlé sans bien le connaître, voir la note
précise, due aux recherches de M. A. Bouvet, dans *le Malade imaginaire* Bordas :
Acte I, *l.* 15, n. 7, et ici, p. 82, n. 2, la définition due à Furetière.

à la crainte ; ils atteignent ainsi, sans difficulté, le plus grand âge :

> La vie, après cent ans, chez eux, est encor belle.

« On demandoit à un Lacedemonien qui [ce qui] l'avoit fait vivre si longtemps : *L'ignorance de la medecine*, respondit-il. Et Adrian l'Empereur crioit sans cessé, en mourant, que la presse des medecins l'avoit tué. »

Une philosophie vieille comme l'intelligence humaine inspire ce propos de Montaigne comme le vers du fabuliste, une philosophie dont l'ironie narquoise refuse toute détresse. « Qui pourroit avoir confiance dans un médecin qui ne porte pas de rabat ? » demande Pascal afin de prouver que l'imagination est « maîtresse d'erreur ». « Quelle forfanterie que leur art ! » s'exclame Mᵐᵉ de Sévigné après une déception cruelle. Et Montaigne encore : « Ils ont eu cet heur [ce bonheur], selon Nicocles, que le soleil esclaire leur succez, et la terre cache leur faute. » De telles remarques sont à ranger dans le même dossier que la réflexion prêtée par Jules Romains au Docteur Knock (*Knock ou le Triomphe de la médecine*, 1924, II, 6) qui, lui, ne porte ni chapeau pointu ni rabat : « Rien ne m'agace comme cet être ni chair ni poisson que vous appelez un homme bien portant. » Tant qu'il y aura des gens malades et des professionnels réputés aptes à les guérir, le dossier s'enrichira.

La médecine tendant à devenir une science, et la science en imposant aux hommes de notre siècle, la satire s'avère aujourd'hui délicate. Au xviiᵉ siècle, l'époque était d'autant plus favorable que les gens du peuple, artisans ou paysans, se passaient fort bien de la Faculté pour naître et pour mourir, tandis que la Cour fourmillait de robes noires et de bonnets pointus. Le roi avait à son service : un premier médecin (Cousinot, de 1643 à 1646 ; Vaultier, de 1646 à 1652 ; Antoine Valiot, de 1652 à 1671 ; d'Aquin, de 1671 à 1693 ; Fagon, de 1693 à 1715), un médecin ordinaire ; huit médecins de quartier (en service deux par deux durant un quartier ou trimestre) ; un anatomiste ; un médecin-mathématicien ; quatre médecins spagiriques[1] ; soixante-six médecins consultants... On imagine ce que pouvait être une consultation en pensant à la fable *le Meunier, son Fils et l'Ane*. Tout se passait pourtant selon un protocole fixé par les statuts : « Dans les consultations, les plus jeunes opinent les premiers et selon l'ordre de promotion au Doctorat. Ce qui est décidé à la majorité des voix est, au consentement des collègues, rapporté par le plus ancien au malade, à ses parents ou aux personnes qui prennent soin de lui » (document cité par Abel Lefranc). Mais chaque médecin consulté respectait-il la discipline ? Molière n'eut pas à fournir un grand effort d'imagination pour concevoir ce dialogue de *l'Amour médecin* (II, 4) :

---

1. Disciples de Paracelse, alchimiste du xviᵉ siècle, pour soigner leurs malades ils utilisaient les cinq grands métaux (antimoine, zinc, mercure, fer, étain), en doses infinitésimales.

MONSIEUR TOMÈS, à Sganarelle. — *Si vous ne faites saigner tout
l'heure votre fille, c'est une personne morte.*

MONSIEUR DES FONANDRÈS. — *Si vous la faites saigner, elle ne ser*
*pas en vie dans un quart d'heure.*

« Aux maux que j'ay eu, rapporte Montaigne, pour peu qu'
y eut de difficulté, je n'en ay [des médecins] jamais trouvé tro
d'accord. » Diagnostics contradictoires, formalisme solennel, qu
de sujets de moquerie pour un rieur professionnel ! Elle vise
bonnet pointu (bien qu'il fût moins pointu à la ville que sur l
scène), la mule (certains médecins, comme François Guénau
et Des Fougerais montaient pourtant un cheval), le jargon pédan
l'écœurante multitude des purgations, des clystères et des saignées.
Le roi reçut des centaines de « médecines »; il subit des milliers d
lavements, des dizaines de saignées (en une seule année — selo
M. Raynaud, *les Médecins au temps de Molière*, p. 143 —, so
grand-père Louis XIII s'était fait administrer 215 médecines
212 lavements). Atteint de la variole, le petit-fils de M^me de Sévig
fut saigné huit fois, — et en mourut. Un médecin et philosoph
du temps, Guy Patin (1602-1672) a lui-même monté en plaisa
terie la sacro-sainte thérapeutique des trois *S* : saignée, séné, son
« Nous guérissons nos malades après quatre-vingts ans par
saignée, et nous saignons aussi fort heureusement les enfants d
deux et trois mois, sans aucun inconvénient. J'en pourrais mo
trer vivants, dans Paris, saignés en bas âge, plus de deux cents.
Riolan (1580-1657) assurait qu'on peut, sans danger, tirer la moit
du sang d'un malade (Raynaud, ouvrage cité, p. 182).

On s'est demandé si les attaques des satiriques, celles de Moliè
en particulier, eurent des résultats heureux sur l'évolution de
médecine. Certes, les médecins se sont assez vite débarrassés d
leur chapeau conique, de leur mule, de leur mauvais latin. Ma
c'est seulement au siècle dernier qu'ils se sont mis à auscult
les malades, au lieu de discourir à leur chevet ; à guérir les mal
dies, au lieu de se contenter de les nommer. Enfin, si le jargo
médical a changé, sommes-nous sûrs qu'il ne prête plus à raillerie
Un linguiste contemporain, Robert Le Bidois, a pu faire cet
remarque (*le Monde*, 23 août 1961) : « Depuis Rabelais et Moliè
le jargon médical n'a fait que croître et empirer. On sait que l
noms traditionnels par lesquels nos ancêtres désignaient les mal
dies ont été remplacés par des mots grecs : le mal de tête, l'inson
nie, le coup de soleil et le compère-loriot, pour ne citer que ceux-l
ont été rebaptisés *céphalalgie, agrynie, thermo-héliosie* et *chalazian.*
Trois cents ans après Molière, un lettré doublé d'un moraliste peu
encore reprocher aux médecins « d'interposer des abstractions ou de
nuées entre les mots et les choses qu'ils sont censés représenter

## 4. Sganarelle

Mais nous sommes allés trop loin : l'auteur du *Médecin malg*
*lui* ne se prit pas pour un réformateur de la médecine. Il aima

rire et faire rire. La médecine et les malades, vrais ou imaginaires, furent des occasions entre beaucoup d'autres. En se montrant sous le costume de Sganarelle après avoir quitté l'habit aux rubans verts, il invitait son public à la détente. Combien de fois déjà s'était-il présenté sous le nom de Sganarelle ? Sganarelle figure dans *le Médecin volant* (1659), comme valet de Valère ; dans *le Cocu imaginaire* (1660), comme bourgeois de Paris ; dans *l'École des maris* (1661), comme frère d'Ariste ; dans *le Mariage forcé* (1664), comme amant de Dorimène ; dans *Dom Juan* (1665), comme valet du gentilhomme libertin. On connaît la célèbre gravure de Simonin qui représente Molière en orateur de la troupe, dans le costume de Sganarelle, frère d'Ariste ; on sait aussi que les habitués du Palais-Royal parlaient de Molière en le nommant tout simplement Sganarelle, comme ils parlaient de Tiberio Fiurelli sous le nom d'Arlequin, comme nous parlons de Charlie Chaplin sous le nom de Charlot.

Cependant, Sganarelle s'est plus transformé que Charlot, au cours de ses avatars. Valet dans *Dom Juan*, mari ridicule dans *le Cocu imaginaire*, père dans *l'Amour médecin*, tuteur dans *l'École des maris*, il est devenu un paysan matois, cupide, ivrogne et paillard, faraud quand il en impose, madré quand la malchance le met en situation difficile. « Médecin malgré lui », Sganarelle tient de Panurge et annonce Figaro.

Quelle différence entre ce personnage truculent, qui semble sorti de l'imagination de Rabelais, de Bonaventure des Périers ou d'Antoine de la Salle, et cet Alceste dont, pour sa gloire mais pour l'ennui du public d'alors, Molière venait de faire un portrait impérissable ! On lui a maintes fois reproché d'avoir ainsi abandonné la « grande comédie », la « vraie littérature », pour la farce, la parade de foire. Mais en son temps, la Cour et la Ville préféraient la « jovialité bourgeoise » de Sganarelle à la noble gravité d'Alceste. Cette préférence a indigné Voltaire ; il y vu « une honte de la nature humaine » (Adam, III, p. 356). Faisons notre *mea culpa* : la nature humaine n'a guère changé, entre l'époque de l'arquebuse et celle de la bombe atomique, puisque *le Médecin malgré lui* demeure la pièce la plus jouée de Molière.

Mais, après tout, faut-il se plaindre si, dans « le temps du mépris », de « la peste » et de « la nausée », le rire reste « le propre de l'homme » ?

# SCHÉMA DE LA COMÉDIE

ACTE I, SC. 1    Querelle de ménage entre Sga-
2    narelle et Martine. Il la bat.
Monsieur Robert intervient.
Martine réclame le droit d'être
battue.
3    Cependant, elle prépare sa ven-
4    geance et imagine de faire passer Sganarelle (aux yeux de
Valère et de Lucas qui cher-
chent un médecin) pour un
médecin qu'il faut battre afin de
lui faire avouer sa profession.
5    Valère et Lucas battent Sganarelle qui s'avoue médecin.

**Querelle de ménage**
*Il me plaît d'être bat-
tue* (l. 97).

ACTE II, SC. 1    Ils parlent à Géronte du fameux
médecin. Jacqueline soutient
qu'une fille a plus besoin d'un
mari que d'un médecin.
2    Sganarelle arrive, en robe de
3    médecin, chez Géronte (qu'il
bat), et se trouve alléché par la
nourrice dont Lucas l'écarte
jalousement.
4    Examen de Lucinde par Sganarelle; il « découvre » qu'elle est
muette. Géronte paye le médecin qui feint de refuser tout
salaire : « gag » de l'argent.
5    Léandre apprend à Sganarelle
que Lucinde fait la muette afin
de ne pas épouser le garçon que
lui destine son père. Sganarelle
conseille à Léandre de se déguiser en apothicaire.

**Satire de la méde-
cine.** *Voilà juste-
ment ce qui fait que
votre fille est muette*
(l. 722).

ACTE III, SC. 1    A Léandre, vêtu en apothicaire,
Sganarelle apprend qu'il n'est
pas médecin.
2    Thibaut vient consulter Sganarelle : seconde satire de la médecine (second « gag » de l'argent).
3    Sganarelle rencontre la nourrice
4    et la courtise, mais Lucas intervient : « gag » du désir.

**Action finale**

| | |
|---|---|
| 5 | Sganarelle présente le faux apo- |
| 6 | thicaire à Géronte. Pendant que |
| 7 | Léandre cause avec Lucinde, Sganarelle occupe Géronte. |
| 8 | Lucas apprend que Lucinde s'est enfuie avec Léandre et que Sganarelle est un faux médecin. On le pendra, décide Géronte. |
| 9 | Sganarelle revoit sa femme avant qu'on le pende. |
| 10 11 | Léandre reparaît : il a hérité de son oncle. Géronte l'accepte donc pour gendre. Sganarelle promet à sa femme « la colère d'un médecin ». |

**Dénouement**

I

II

# DISTRIBUTION

| LES PERSONNAGES | LES ACTEURS |
|---|---|
| SGANARELLE, mari de Martine. | *Molière* : quarante-quatre ans. |
| MARTINE, femme de Sganarelle. | M^lle *De Brie* : entrée dans l[a] troupe à Pâques 1659. |
| MONSIEUR ROBERT, voisin de Sganarelle. | |
| VALÈRE, domestique [1] de Géronte. | |
| LUCAS, mari de Jacqueline. | |
| GÉRONTE, père de Lucinde. | *Du Croisy* [2] : gros homme sanguin[,] « de belle taille et de bonn[e] mine », entré dans la troup[e] en 1659. |
| JACQUELINE, nourrice chez Géronte et femme de Lucas. | |
| LUCINDE, fille de Géronte. | M^lle *Molière* : âgée de vingt et u[n] ou vingt-trois ans, elle a eu u[n] second enfant Esprit-Madeleine en 1665 [3]. |
| LÉANDRE, amant de Lucinde. | *La Grange* [4] : entré dans la troup[e] en 1659 à l'âge de vingt ans[;] il en est l' « orateur » depuis 1664[.] |
| THIBAUT, père de Perrin. | |
| PERRIN [5], fils de Thibaut, paysan. | |

*La scène est à la campagne.*

---

1. Et non valet. D'après l'édition de 1682 (que nous suivons), il portait une épée des gants et une plume à son chapeau. — 2. Philibert Gassot, dit Du Croisy. — 3. Molière prendra cet enfant avec lui quand il éprouvera le besoin de s'isoler à Auteu[il] en 1667. Armande était devenue la femme de Molière en février 1662. « Sans être belle elle était piquante et capable d'inspirer une grande passion » (Grandval). « Elle avait l[a] taille médiocre, mais un air engageant, quoique avec de très petits yeux, une bouche for[t] grande et fort plate, mais faisant tout avec grâce » (M^lle Poisson). Sous l'aspect de Cléont[e] Molière dira d'elle (de Lucile, en fait) dans *le Bourgeois gentilhomme* (III, 9) : « Cela es[t] vrai, elle a les yeux petits ; mais elle les a pleins de feu, les plus brillants, les plus perçan[ts] du monde, les plus touchants qu'on puisse voir. » — 4. Fils d'Hector Varlet et de Mari[e] de La Grange, dont il prit le nom au théâtre, ce comédien sera peint par La Fontaine dan[s] *Ragotin* (I, 3) :

> ... ce comédien,
> Si jeune, si bien fait, qui déclame si bien,
> Qu'on aime tant et qu'on aime tant, quand la pièce est finie,
> Vient toujours saluer toute la compagnie,
> Et faire un compliment.

Selon l'auteur anonyme des *Entretiens galants*, M^lle Molière et La Grange « ne son[t] jamais inutiles sur le théâtre. Ils jouent presque aussi bien quand ils écoutent que quan[d] ils parlent. Leurs regards ne sont point dissipés. Leurs yeux ne parcourent pas le[s] loges. Ils savent que leur salle est remplie ; mais ils parlent et ils agissent comme s'il[s] ne voyaient que ceux qui ont part à leur rôle et à leur action ». — 5. *Périn* (1^re éd., 1667[)]

# MISE EN SCÈNE

Au premier acte, le théâtre représente une clairière dans un bois. Au deuxième acte, comme au troisième, précise l'édition de 1734, « le théâtre change et représente [...] une chambre de la maison de Géronte ». Voir *le Décor*, p. 67.

**Accessoires**

D'après le *Mémoire* de Mahelot, il faut :
— « du bois » (des bûches pour Sganarelle, I, 5);
— « deux battes » (bâtons claquoirs encore utilisés au cirque): pour Sganarelle, I, 1 et II, 2; pour Valère et Lucas, I, 5;
— « trois chaises » pour Sganarelle, Géronte et Lucinde, II, 4;
— « un morceau de fromage », II, 2;
— « des jetons » ou fausses pièces de monnaie pour Sganarelle, II, 4 et 5;
— « une bourse » pour Géronte (II, 4) et pour Léandre (II, 5).

**Costumes de Molière,** d'après l'inventaire fait après sa mort :

« Pourpoint, haut-de-chausses, col, ceinture, fraise et bas de laine et escarcelle, le tout de serge jaune garni de padoue [1] au premier acte ; une robe de satin avec un haut-de-chausses de velours ras ciselé » aux actes II et III : il en est question dès la ligne 431.

D'après Martine (I, 4), **Sganarelle** « est un homme qui a une large barbe noire, et qui porte une fraise, avec un habit jaune et vert »; et Lucas de commenter ainsi : « Un habit jaune et vert! C'est donc le médecin des perroquets ? » (l. 219-223).

---

1. « Ruban mi-fil mi-soie, fabriqué originairement à Padoue » (G. Michaut)

*Le Médecin malgré lui,* par la Comédie des Remparts,
Antibes, avec Michèle Soria (MARTINE), Pierre Boussard
(M. ROBERT), Tony Brayer (VALÈRE)
et Denis Essayie (LUCAS)

# LE MÉDECIN MALGRÉ LUI

COMÉDIE
REPRÉSENTÉE POUR LA PREMIÈRE FOIS A PARIS
SUR LE THÉATRE DU PALAIS-ROYAL
LE SIXIÈME DU MOIS D'AOUT 1666
PAR LA
TROUPE DU ROI

## ACTE PREMIER

SCÈNE PREMIÈRE. — SGANARELLE, MARTINE,
*paraissant sur le théâtre en se querellant.*

SGANARELLE. — Non[1], je te dis que je n'en[2] veux rien faire, et que c'est à
moi de parler et d'être le maître.

MARTINE. — Et je te dis, moi[3], que je veux que tu vives à ma fantaisie,
et que je ne me suis point mariée avec toi pour souffrir tes fredaines[4].

SGANARELLE. — O la grande fatigue que d'avoir une femme ! et qu'Aristote a bien raison, quand il dit qu'une femme est pire qu'un démon[5] !

MARTINE. — Voyez un peu l'habile[6] homme, avec son benêt[7] d'Aristote !

SGANARELLE. — Oui, habile homme. Trouve-moi un faiseur de fagots
qui sache, comme moi, raisonner des choses, qui ait servi six ans
un fameux médecin, et qui ait su dans son jeune âge son rudiment[8]
par cœur.

MARTINE. — Peste du fou fieffé[9] !

---

1. La conversation a commencé avant le lever du rideau : procédé dramatique
saisissant qui sera repris par Racine (1667) dans *Andromaque* : « ORESTE. — Oui,
puisque je retrouve un ami si fidèle... » — 2. Ce pronom intrigue car il rappelle le
sujet de la querelle, que nous ignorons. — 3. Ce pronom tonique renforce le pronom
atone *je ;* ainsi se trouve mise en valeur l'opposition des personnalités. — 4. « Action
folle, emportée » (*Dict.* de Furetière, 1690). — 5. Allusion fantaisiste à la « Querelle
des femmes » (voir *les Femmes savantes U.L.B.* p. 12-14). Avant Aristote, Platon
disait : « De même qu'un singe est toujours singe, de même une femme, quelque rôle
qu'elle joue, demeure toujours femme c'est-à-dire sotte et folle. » Le christianisme
accentua cette attitude antiféministe. « Femme, tu es la porte du Diable, écrivait Ter-
tullien ; c'est toi qui, la première, as touché l'arbre et déserté la loi de Dieu, c'est toi
qui as persuadé celui que le Diable n'osait attaquer de face ; c'est à cause de toi que
le fils de Dieu même a dû mourir. » Jean de Meung adopta ce point de vue dans *le
Roman de la rose* :

> *Beaux Seigneurs, gardez-vous des femmes,*
> *Si vos corps aimez et vos âmes [...]*
> *Fuiez, fuiez, fuiez,*
> *Fuiez, enfants, fuiez telle bête.*

— 6. « Qui a de l'esprit, de l'adresse, de la science, de la capacité » (Furetière). — 7. *Benais,*
écrit Furetière : « Idiot, niais, nigaud, qui n'a point vu le monde. » Appliqué au plus
grand savant de l'antiquité, le mot est drôle. — 8. Du latin *rudimentum :* apprentissage.
« Le premier livre qu'on donne aux enfants pour apprendre les principes de la langue
latine » (Furetière). — 9. Sorte de superlatif absolu. « Un officier, un sergent *fieffé* sont
ceux qui dépendent d'un fief [...]. On dit aussi, par injure et exagération, un coquin fieffé,
une coquette fieffée, de ceux qui font profession d'être de malhonnêtes gens » (*Dict.* de
Furetière, 1690).

SGANARELLE. — Peste de la carogne [1] !

MARTINE. — Que maudit soit l'heure et le jour où je m'avisai d'aller [15] dire oui [2] !

SGANARELLE. — Que maudit soit le becque cornu [3] de notaire qui me fit signer ma ruine !

MARTINE. — C'est bien à toi, vraiment, à te plaindre de cette affaire ! Devrais-tu être un seul moment sans rendre grâces [4] au Ciel de [20] m'avoir pour ta femme ? et méritais-tu d'épouser une personne comme moi ?

SGANARELLE. — Il est vrai que tu me fis trop d'honneur et que j'eus lieu de me louer la première nuit de nos noces ! Hé ! morbleu [5] ! ne me fais point parler là-dessus : je dirais de certaines choses... [25]

MARTINE. — Quoi ! que dirais-tu ?

SGANARELLE. — Baste, laissons là ce chapitre. Il suffit que nous savons [6] ce que nous savons, et que tu fus bien heureuse de me trouver.

MARTINE. — Qu'appelles-tu bien heureuse de te trouver ? Un homme qui me réduit à l'hôpital [7], un débauché, un traître, qui me mange [8] [30] tout ce que j'ai !

SGANARELLE. — Tu as menti : j'en bois une partie.

MARTINE. — Qui me vend, pièce à pièce, tout ce qui est dans le logis.

SGANARELLE. — C'est vivre de ménage [9].

MARTINE. — Qui m'a ôté jusqu'au lit que j'avais. [35]

SGANARELLE. — Tu t'en lèveras plus matin.

MARTINE. — Enfin qui ne laisse aucun meuble dans toute la maison.

SGANARELLE. — On en déménage plus aisément.

MARTINE. — Et qui, du matin jusqu'au soir, ne fait que jouer et que boire. [40]

SGANARELLE. — C'est pour ne me point ennuyer [10].

MARTINE. — Et que veux-tu, pendant ce temps, que je fasse avec ma famille ?

SGANARELLE. — Tout ce qu'il te plaira.

MARTINE. — J'ai quatre pauvres petits enfants sur les bras [11]. [45]

SGANARELLE. — Mets-les à terre.

MARTINE. — Qui me demandent à toute heure du pain.

SGANARELLE. — Donne-leur le fouet. Quand j'ai bien bu et bien mangé, je veux que tout le monde soit saoul [12] dans ma maison.

---

1. « Se dit entre les femmes de basse condition, pour se reprocher leur mauvaise vie [...] C'est la même chose que *charogne* » (Furetière). — 2. Devant le prêtre qui les maria. — 3. Traduction de l'injure en usage à la Comédie italienne : *becco cornuto* (bouc à cornes). — 4. *Grâce* (éd. 1667). — 5. Jurer par le nom du Seigneur étant interdit, on tournait l'interdiction en transformant le mot *Dieu* en *bleu* dans *morbleu* (par la mort de Dieu), *parbleu*, *corbleu* (corps de Dieu), *têtebleu*, *palsambleu* (par le sang de Dieu). — 6. La correction grammaticale exigerait le subjonctif. — 7. « Lieu pieux où l'on reçoit les pauvres pour les soulager en leurs nécessités. L'hôpital général est celui où l'on reçoit tous les mendiants » (Furetière). — 8. Dépense en mangeaille et en boisson : voir la l. 40. — 9. Ménage « signifie aussi le revenu, la subsistance de la famille qui vit ensemble » (Furetière). — 10. Selon la grammaire du XVII⁰ siècle approuvée par Vaugelas, le pronom complément se place avant le premier verbe et non, comme aujourd'hui, entre les deux. A la fin du siècle, l'Académie invitera les écrivains à placer le pronom selon leur goût. — 11. A ma charge. — 12. Repu.

MARTINE. — Et tu prétends, ivrogne, que les choses aillent toujours de [50] même ?

SGANARELLE. — Ma femme, allons tout doucement, s'il vous [1] plaît.

MARTINE. — Que j'endure éternellement tes insolences et tes débauches ?

SGANARELLE. — Ne nous emportons point, ma femme.

MARTINE. — Et que je ne sache pas trouver le moyen de te ranger à [55] ton devoir ?

SGANARELLE. — Ma femme, vous savez que je n'ai pas l'âme endurante et que j'ai le bras assez bon.

MARTINE. — Je me moque de tes menaces.

---

1. *Vous* introduit une menace : avant de battre sa femme, Sganarelle l'éloigne de lui par le ton.

● **Les caractères** se dessinent à travers l'acrimonie et la menace.

MARTINE nous paraît une personne excédée par son mari, *fou fieffé* (l. 13), *débauché, traître* (l. 30), *ivrogne* (l. 50); excédée aussi par les *quatre pauvres petits enfants* qu'elle a *sur les bras* (l. 45).

SGANARELLE semble sûr de lui; de sa valeur professionnelle (l. 9-10); de la supériorité de l'homme sur la femme; et de sa supériorité personnelle sur une femme dont la conduite, avant le mariage, ne fut pas irréprochable (l. 23-25).

① Comparez son langage à celui de Lucas (I, 4).

● **Le style** — Martine n'utilise que la colère. Sganarelle manie l'ironie avec un sang-froid qu'aucun reproche ne lasse.

② L'ironie consiste parfois à dire le contraire de ce qu'on pense, mais sans intention de tromper; parfois à reprendre les mots de l'interlocuteur en leur donnant un autre sens. Vous le montrerez en vous appuyant sur des exemples.

● **Molière dans son œuvre** — S'adressant à sa consolatrice M^lle De Brie (qui jouait le rôle de Martine), Molière (Sganarelle) s'est-il amusé (l. 15) à maudire *l'heure et le jour* (20 février 1662, au matin) où il dit *oui* devant un prêtre à Saint-Germain l'Auxerrois? A maudire (l. 17) *le bécque cornu de notaire* qui lui avait fait *signer* sa *ruine* le 23 janvier 1662? Armande lui avait apporté une dot non négligeable : « 100 000 livres tournois dont un tiers entrera dans ladite future communauté et les deux autres tiers demeureront propres à ladite épouse et aux siens de son côté et ligne ». Mais il avait depuis apporté beaucoup d'argent à cette communauté, sans pour cela y faire régner le bonheur.

Ni Orgon (dans *Tartuffe*), ni Monsieur Jourdain (*le Bourgeois gentilhomme*), ni Chrysale (*les Femmes savantes*), ni Argan (*le Malade imaginaire*) n'ont trouvé le bonheur dans le mariage.

SGANARELLE. — Ma petite femme, ma mie [1], votre peau vous démange, [60]
à votre ordinaire [2].

MARTINE. — Je te montrerai bien que je ne te crains nullement.

SGANARELLE. — Ma chère moitié, vous avez envie de me dérober quelque chose [3].

MARTINE. — Crois-tu que je m'épouvante de tes paroles ? [65]

SGANARELLE. — Doux objet de mes vœux, je vous frotterai les oreilles.

MARTINE. — Ivrogne que tu es !

SGANARELLE. — Je vous battrai.

MARTINE. — Sac à vin !

SGANARELLE. — Je vous rosserai. [70]

MARTINE. — Infâme !

SGANARELLE. — Je vous étrillerai [4].

MARTINE. — Traître, insolent, trompeur, lâche, coquin, pendard,
gueux, belître, fripon, maraud [5], voleur !...

SGANARELLE. *(Il prend un bâton et lui en donne).* — Ah ! vous en [6] voulez [75]
donc ?

MARTINE, *criant.* — Ah ! ah ! ah ! ah !

SGANARELLE. — Voilà le vrai moyen de vous apaiser.

## SCÈNE II. — MONSIEUR ROBERT, SGANARELLE, MARTINE.

M. ROBERT. — Holà ! holà, holà ! Fi ! Qu'est-ce ci [7] ? Quelle infamie !
Peste soit le coquin [8] de battre ainsi sa femme ! [80]

MARTINE, *les mains sur les côtés, lui parle en le faisant reculer, et à la fin
lui donne un soufflet.* — Et je veux qu'il me batte, moi.

M. ROBERT. — Ah ! j'y consens de tout mon cœur.

MARTINE. — De quoi vous mêlez-vous ?

M. ROBERT. — J'ai tort. [85]

MARTINE. — Est-ce là votre affaire ?

M. ROBERT. — Vous avez raison.

MARTINE. — Voyez un peu cet impertinent [9], qui veut empêcher les
maris de battre leurs femmes.

M. ROBERT. — Je me rétracte. [90]

MARTINE. — Qu'avez-vous à voir là-dessus ?

---

1. *Mie* : « Vieux mot qui signifiait autrefois Maîtresse bien aimée » (*Dict.* de Furetière, 1690). — 2. Selon votre habitude. — 3. Quelques-unes des coups de bâton que
Sganarelle garde en réserve. — 4. Battrai. — 5. Joli chapelet d'injures. *Coquin* : « terme
injurieux qu'on dit à toutes sortes de petites gens qui mènent une vie libertine, friponne,
fainéante, qui n'ont aucun sentiment d'honnêteté » (Furetière). *Pendard* : « qui a commis
des actions qui méritent la corde, la potence » (F.). *Gueux* : « qui demande l'aumône.
On a fait un hôpital général pour y enfermer tous les gueux mendiants, les gueux de
profession » (F.). *Belître* : « gros gueux qui mendie par fainéantise, et qui pourrait gagner
sa vie » (F.). *Maraud* : « terme injurieux qui se dit des gueux, des coquins qui n'ont ni
bien ni honneur, qui sont capables de faire toutes sortes de lâchetés » (F.). — 6. Le pronom
est lourd de sens. — 7. Qu'y a-t-il *(qu'est-ce),* ici *(ci)* ? — 8. Mot important : Martine
vient de l'employer (n. 5), Monsieur Robert est donc d'accord avec elle, mais... — 9. « Nous
appelons [...] *impertinent* celui qui, par faute d'esprit, dit tout autre chose que ce qu'il
devrait dire » (le P. Garasse).

M. ROBERT. — Rien.

MARTINE. — Est-ce à vous d'y mettre le nez?

M. ROBERT. — Non.

MARTINE. — Mêlez-vous de vos affaires. 95

M. ROBERT. — Je ne dis plus mot.

MARTINE. — Il me plaît d'être battue.

M. ROBERT. — D'accord.

MARTINE. — Ce n'est pas à vos dépens.

M. ROBERT. — Il est vrai. 100

MARTINE. — Et vous êtes un sot de venir vous fourrer où vous n'avez que faire. *(Elle lui donne un soufflet.)*

M. ROBERT, *il passe ensuite vers le mari, qui pareillement lui parle toujours en le faisant reculer, le frappe avec le même bâton, le met en fuite et dit à la fin.* — Compère [1], je vous demande pardon de tout mon cœur. 105 Faites, rossez, battez comme il faut votre femme; je vous aiderai, si vous le voulez.

SGANARELLE. — Il ne me plaît pas, moi.

---

1. *Compère* « se dit en discours ordinaire de ceux qui sont bons amis et familiers ensemble » (Furetière). Le mot a ici un sens ironique.

================================================

● **L'art de Molière** — On distingue quatre mouvements bien distincts dans la première scène :

— les récriminations des deux époux;
— l'ironie injurieuse de Sganarelle;
— les répliques coléreuses de Martine;
— les menaces de Sganarelle, masquées d'une extrême politesse de langage.

① Vous indiquerez les limites de ces quatre mouvements.

La scène 2 forme, avec la première, une curieuse antithèse :

— Martine s'est cabrée (sc. 1) devant son mari qui menaçait de la battre; elle l'a injurié.
— Martine se cabre (sc. 2) parce qu'elle veut être battue par son mari; elle bat le passant qui prétendait la protéger

② Que pensez-vous de cette antithèse? N'y voyez-vous qu'un procédé comique?

● **Le comique** — La théorie de Bergson (*le Rire*, éd. 1961, p. 22-23) trouve ici une belle illustration : « Les attitudes, gestes et mouvements du corps humain sont risibles dans l'exacte mesure où ce corps nous fait penser à une simple mécanique. »
Nous avons ici deux figures de ballet; mais, derrière le mécanisme bien réglé du ballet, nous discernons une amère expérience de la vie conjugale. Le génie de Molière a soutenu l'artifice par la vérité humaine.

③ Étudiez le comique des l. 63-64. Si Sganarelle disait : « envie de recevoir un soufflet », le comique subsisterait-il? Serait-il aussi marqué?

④ *Il me plaît d'être battue* (l. 97) : la réplique est amusante; mais ne se fonde-t-elle pas sur un trait de caractère? lequel?

================================================

M. ROBERT. — Ah ! c'est une autre chose.

SGANARELLE. — Je la veux battre si je le veux, et ne la veux pas [1] battre si je ne le veux pas.

M. ROBERT. — Fort bien.

SGANARELLE. — C'est ma femme, et non pas la vôtre.

M. ROBERT. — Sans doute [2].

SGANARELLE. — Vous n'avez rien à me commander.

M. ROBERT. — D'accord.

SGANARELLE. — Je n'ai que faire de votre aide.

M. ROBERT. — Très volontiers.

SGANARELLE. — Et vous êtes un impertinent [3], de vous ingérer des affaires [4] d'autrui. Apprenez que Cicéron dit qu'entre l'arbre et le doigt il ne faut point mettre l'écorce. *(Il bat M. Robert et le chasse* [5]. *Ensuite il revient vers sa femme, et lui dit, en lui pressant la main) :* Ô çà, faisons la paix nous deux. Touche là [6].

MARTINE. — Oui ! après m'avoir ainsi battue !

SGANARELLE. — Cela n'est rien. Touche.

MARTINE. — Je ne veux pas.

SGANARELLE. — Eh [7] !

MARTINE. — Non.

SGANARELLE. — Ma petite femme !

MARTINE. — Point.

SGANARELLE. — Allons, te dis-je.

MARTINE. — Je n'en ferai rien.

SGANARELLE. — Viens, viens, viens.

MARTINE. — Non, je veux être en colère.

SGANARELLE. — Fi ! c [8] 'est une bagatelle. Allons, allons.

MARTINE. — Laisse-moi là.

SGANARELLE. — Touche, te dis-je.

MARTINE. — Tu m'as trop maltraitée.

SGANARELLE. — Eh bien ! va, je te demande pardon ; mets là ta main.

MARTINE. — Je te pardonne ; *(elle dit le reste bas)* mais tu le payeras.

SGANARELLE. — Tu es une folle de prendre garde à cela ; ce sont petites choses qui sont de temps en temps nécessaires dans l'amitié, et cinq ou six coups de bâtons entre gens qui s'aiment ne font que ragaillardir l'affection [9]. Va [10], je m'en vais au bois, et je te promets aujourd'hui plus d'un cent de fagots.

---

1. Voir p. 32, n. 10. — 2. Sans aucun doute. — 3. Voir p. 34, n. 9. — 4. Vous ingérer dans les affaires, vous mêler des affaires. — 5. Certaines indications de mise en scène, comme celle-ci, figurent seulement dans l'édition de Vinot et La Grange (1682), que nous suivons. — 6. Observer le retour au tutoiement : voir p. 33, n. 1. La poignée de mains avait alors valeur d'engagement solennel : voir *Dom Juan*, II, 1. — 7. Aucune menace dans cette interjection, mais de la cajolerie. — 8. Le pronom démonstratif rappelle les coups reçus par Martine ; de même, à la l. 141 les pronoms *cela* et *ce*. — 9. Trad. amusante, selon G. Michaut, d'un vers de l'*Andrienne* (v. 555), comédie de Térence : « *Amantium iræ, amoris integratio ;* Dépits d'amants, renouvellement d'amour. » — 10. Allons.

### SCÈNE III. — MARTINE, *seule.*

MARTINE. — Va, quelque mine que je fasse, je n'oublierai[1] pas mon ressentiment, et je brûle en moi-même de trouver les moyens de te punir des coups que tu me donnes. Je sais bien qu'une femme a toujours dans les mains[2] de quoi se venger d'un mari; mais c'est une punition trop délicate pour mon pendard[3]. Je veux une[150] vengeance qui se fasse un peu mieux sentir, et ce n'est pas contentement[4] pour l'injure que j'ai reçue.

---

1. *Oublie* (éd. 1667). — 2. A sa disposition. — 3. Voir p. 34, n. 5. — 4. Ce n'est pas une punition suffisante.

---

● **Le ballet comique** — Ne cherchez pas ici une image réaliste : la comédie tient du ballet.
— Premier mouvement : M. Robert recule devant Martine qui le menace. Son recul est ponctué par six déclarations de soumission : *j'y consens* (l. 83), *j'ai tort* (l. 85), *vous avez raison* (l. 87), *je me rétracte* (l. 90), *je ne dis plus mot* (l. 96), *il est vrai* (l. 100).
— Second mouvement : M. Robert recule devant Sganarelle qui le menace. Son recul est ponctué par quatre déclarations de soumission. ① Relevez-les.
— Troisième mouvement : réconciliation des deux époux voulue par Sganarelle (il est plus facile d'oublier les coups donnés que les coups reçus). Ce mouvement commence sur un ton de commandement : *Ô çà* (l. 123) et finit sur un ton de supplication : *Je te demande pardon* (l. 139). Les huit refus successifs de Martine ponctuent le mouvement. A la fin de la scène, l'action dramatique se dessine : *tu me le payeras*, dit Martine en aparté.
**Source du rire, ici** — « Le conflit de deux obstinations dont l'une, purement comique, finit pourtant [...] par céder à l'autre, qui s'en amuse » (Bergson, ouvrage cité, p. 53).

● **La farce** — Sganarelle prête à Cicéron (l. 120) la paternité d'un proverbe qui appartient à la sagesse des nations : il ne faut pas mettre le doigt entre l'écorce et l'arbre (l'athlète Milon de Crotone l'apprit à ses dépens au vi[e] s. av. J.-C.). Mais Sganarelle renverse sur un sens les termes du proverbe, selon un procédé traditionnel chez les farceurs. Ainsi, dans *l'Avare* (III, 1), quand Harpagon veut répéter l'adage relatif à la frugalité, il lui donne un sens strictement inverse : « *Il faut vivre pour manger, et non manger pour vivre.* Non, ce n'est pas cela. Comment est-ce que tu dis ? » Par un procédé analogue, dans *le Dépit amoureux*, Gros-René montre le plafond quand il parle de la cave et le plancher quand il parle du grenier.
**Source du rire, ici** — « Un personnage comique est généralement comique dans l'exacte mesure où il s'ignore lui-même. Le comique est inconscient » (Bergson, p. 13).
② Pourquoi l'auteur comique utilise-t-il des apartés? Justifiez, en particulier, celui de la sc. 3.
③ Ne pourrait-on retrouver le « ballet comique » dans les scènes de dépit amoureux des grandes comédies, en particulier *le Misanthrope?*

### Scène IV. — VALÈRE, LUCAS, MARTINE.

LUCAS, *à Valère, sans voir Martine*. — Parguenne[1]! j'avons pris là tous deux une gueble[2] de commission; et je ne sais pas, moi, ce que je pensons attraper[3].

VALÈRE, *à Lucas, sans voir Martine*. — Que veux-tu, mon pauvre nourricier[4]? Il faut bien obéir à notre maître[5]; et puis nous avons intérêt, l'un et l'autre, à la santé de sa fille, notre maîtresse; et sans doute son mariage, différé par sa maladie, nous vaudra quelque récompense. Horace[6], qui est libéral, a bonne part aux prétentions qu'on peut avoir sur sa[7] personne; et quoiqu'elle ait fait voir de l'amitié[8] pour un certain Léandre, tu sais bien que son père n'a jamais voulu consentir à le recevoir pour son gendre.

MARTINE, *rêvant à part elle*. — Ne puis-je point trouver quelque invention pour me venger?

LUCAS, *à Valère*. — Mais quelle fantaisie[9] s'est-il bouté là dans la tête, puisque les médecins y avont tous perdu leur latin?

VALÈRE, *à Lucas*. — On trouve quelquefois, à force de chercher, ce qu'on ne trouve pas d'abord; et souvent en de simples lieux[10]...

MARTINE, *se croyant toujours seule*. — Oui, il faut que je m'en venge à quelque prix que ce soit : ces coups de bâton me reviennent au cœur, je ne les saurais digérer[11], et... (*Elle dit ceci en rêvant, de sorte que, ne prenant pas garde à ces deux hommes, elle les heurte en se retournant, et leur dit :*) Ah! Messieurs, je vous demande pardon; je ne vous voyais pas, et cherchais dans ma tête quelque chose qui m'embarrasse.

VALÈRE. — Chacun a ses soins[12] dans le monde, et nous cherchons aussi ce que nous voudrions bien trouver.

MARTINE. — Serait-ce quelque chose où[13] je vous puisse aider?

VALÈRE. — Cela se pourrait faire; et nous tâchons de rencontrer quelque habile[14] homme, quelque médecin particulier[15] qui pût donner quelque soulagement à la fille de notre maître, attaquée d'une maladie qui lui a ôté tout d'un coup l'usage de la langue. Plusieurs méde-

---

1. Pour tout ce qui concerne le langage de Lucas, voir *le Patois dans la comédie*, p. 88-89. — 2. Diable. — 3. Lucas, recherchant un médecin, pense en *attraper* un, comme on attrape une lièvre ou une truite. — 4. Lucas est l'époux de Jacqueline, nourrice chez Géronte; la profession de la femme sert à désigner le mari, selon un procédé inverse de celui qui nous fait nommer *maréchale* la femme d'un officier promu à cette dignité. — 5. Valère est le domestique de Géronte : voir p. 28, n. 1. — 6. Le personnage n'apparaît pas sur la scène; il en est seulement question comme du jeune homme que Géronte veut donner en mariage à sa fille. Horace est *libéral* (généreux) en ce sens qu'il est prêt à des *libéralités* (gratifications). — 7. Celle de Lucinde; *sa* rappelle *notre maîtresse* (l. 158). — 8. Litote classique pour : amour. — 9. Idée chimérique. — 10. Endroits quelconques. — 11. Voir p. 32, n. 10. — 12. Soucis. — 13. En quoi; le relatif *où* est d'un emploi très général au XVIIe siècle. — 14. Voir p. 31, n. 6. — 15. Donc, qui ne soit pas au service personnel de quelqu'un : de nombreux médecins appartenaient alors (comme *domestiques* : voir p. 28 n. 1) à la *maison* d'un grand seigneur.

cins ont déjà épuisé toute leur science après elle; mais on trouve par- [185] fois des gens avec des secrets admirables, de certains remèdes parti- culiers, qui font le plus souvent ce que les autres n'ont su faire, et c'est là ce [1] que nous cherchons.

MARTINE, *elle dit ces premières lignes bas.* — Ah! que le Ciel m'inspire une admirable invention pour me venger de mon pendard [2]! *(Haut.)* [190] Vous ne pouviez jamais vous mieux adresser pour rencontrer ce que vous cherchez; et nous avons un homme, le plus merveilleux homme du monde, pour les maladies désespérées.

---

1. Le démonstratif remplace-t-il le mot *remèdes*, le mot *gens* ou le pronom *ce* de la ligne précédente? — 2. Voir p. 34, n. 5.

■■■■■■■■■■■■■■■■■■■■■■■■■■■■■■■■■■■■■■■■■■■■■■■■■■■■■■■■■■■■■

● **Le patois à la comédie** — A toute époque, dans toute civilisation, un type humain est proposé en exemple (ainsi l'*honnête homme* au XVIIe s.); il s'habille d'une certaine manière, adopte certaines habitudes de langage, certaines manières de vivre qui déterminent la mode. L'homme qui, par manque d'instruction ou d'usage, s'écarte du modèle paraît « mal élevé », « grossier », « rustre » ou tout simplement ridicule. Les auteurs comiques ne se sont donc pas fait faute de prêter à certains personnages une prononciation non conforme au modèle : accent méridional dans *Marius* de Marcel Pagnol, patois picard (voir l'explication du mot *bouter* par Furetière, p. 44, n. 8), champenois ou normand (dans *Dom Juan*, notamment la sc. 1 de l'acte II entre Charlotte et Pierrot).

Voir p. 88-89 un tableau du patois utilisé dans *le Médecin malgré lui*

● **L'art dramatique**

① Que pensez-vous du procédé qui consiste à faire parler un personnage (Martine) devant des tiers dont il ignore la présence? Pourquoi le théâtre ôte-t-il à cette situation toute vraisemblance? Pourquoi cependant l'auteur dramatique en use-t-il?

② Ce procédé est-il exclusivement réservé au théâtre comique? Nommez des tragédies ou des drames dans lesquels il a été employé.

> Tous deux, par un cas surprenant,
> Se rencontrent en un tournant.

Ainsi l'humoriste La Fontaine justifie-t-il en souriant la rencontre de l'ours et de l'amateur des jardins (*Fables*, VIII, 10). La conjugaison des deux intentions (celle de Martine, d'une part, et d'autre part celle de Valère et de Lucas) n'est-elle pas un cas aussi *surprenant* (voir la réplique ambiguë de Valère : l. 177-178)?

③ Valère et Lucas expriment une même idée. Pourquoi est-ce Lucas qui emploie (l. 167) l'expression *perdu leur latin*; et Valère celle-ci (l. 184) : *ont déjà épuisé toute leur science*?

■■■■■■■■■■■■■■■■■■■■■■■■■■■■■■■■■■■■■■■■■■■■■■■■■■■■■■■■■■■■■

VALÈRE. — Et de grâce, où pouvons-nous le rencontrer ?

MARTINE. — Vous le trouverez maintenant vers ce petit lieu[1] que voilà, qui s'amuse à couper du bois. 195

LUCAS. — Un médecin qui coupe du bois[2] !

VALÈRE. — Qui s'amuse à cueillir des simples[3], voulez-vous dire ?

MARTINE. — Non; c'est un homme extraordinaire qui se plaît à cela, fantasque, bizarre, quinteux,[4] et que vous ne prendriez jamais pour ce qu'il est. Il va vêtu d'une façon extravagante[5], affecte quel- 200 quefois de paraître ignorant, tient sa science renfermée, et ne fuit rien tant tous les jours que d'exercer les merveilleux talents qu'il a eus du Ciel pour la médecine.

VALÈRE. — C'est une chose admirable que tous les grands hommes ont toujours du caprice, quelque petit grain de folie mêlé à leur 205 science[6].

MARTINE. — La folie de celui-ci est plus grande qu'on ne peut croire, car elle va parfois jusqu'à vouloir être battu pour demeurer d'accord de sa capacité; et je vous donne avis que vous n'en viendrez pas à bout, qu'il n'avouera jamais qu'il est médecin, s'il se le met en fan- 210 taisie[7], que[8] vous ne preniez chacun un bâton et ne le réduisiez, à force de coups, à vous confesser à la fin ce qu'il vous cachera d'abord. C'est ainsi que nous en usons quand nous avons besoin de lui.

VALÈRE. — Voilà une étrange folie ! 215

MARTINE. — Il[9] est vrai, mais, après cela, vous verrez qu'il fait des merveilles.

VALÈRE. — Comment s'appelle-t-il ?

MARTINE. — Il s'appelle Sganarelle; mais il est aisé à connaître[10] : c'est un homme qui a une large barbe[11] noire, et qui porte une fraise, 220 avec un habit jaune et vert.

LUCAS. — Un habit jaune et vert ! C'est donc le médecin des perroquets[12] ?

VALÈRE. — Mais est-il bien vrai qu'il soit si habile[13] que vous le dites ?

MARTINE. — Comment! C'est un homme qui fait des miracles. Il y a 225 six mois qu'une femme fut abandonnée de tous les autres méde- cins. On la tenait morte[14] il y avait[15] déjà six heures, et l'on se disposait à l'ensevelir, lorsqu'on y fit venir de force l'homme dont nous parlons. Il lui mit, l'ayant vue, une petite goutte de je ne sais quoi dans la bouche et, dans le même instant, elle se leva de son 230

1. Sur le mot, voir p. 38, n. 10. N'oublions pas (voir p. 29) que le théâtre représente une clairière dans un bois. — 2. Le travail manuel est alors tenu pour vil. — 3. Voir *les Mœurs.* — 4. « Capricieux, fantasque [...] On le dit tant de l'homme que des chevaux qui sont ombrageux » (*Dict.* de Furetière, 1690). — 5. L'extravagant est un « fou impertinent, qui dit et fait ce qu'il ne faudrait pas qu'il dît ou qu'il fît » (Furetière). Le médecin devrait être vêtu d'une robe, non d'un pourpoint en serge jaune : voir le bandeau. — 6. Aristote s'était demandé si toute grande intelligence ne recèle pas un grain de folie. Dans son *De Tranquillitate animi*, Sénèque avait repris la thèse que Gina Lombroso a développée au XXᵉ s. — 7. S'il lui en prend fantaisie. — 8. A moins que. — 9. Cela. — 10. Identifier. — 11. Voir le bandeau. — 12. *Paroquets* (éd. 1667). — 13. Voir p. 31, n. 6. — 14. On la tenait pour morte. — 15. Depuis.

lit et se mit aussitôt à se promener dans sa chambre, comme si de rien
n'eût été.

LUCAS. — Ah!

VALÈRE. — Il fallait que ce fût quelque goutte d'or potable [1].

MARTINE. — Cela pourrait bien être. Il n'y a pas trois semaines encore 235
qu'un jeune enfant de douze ans tomba du haut du clocher en bas
et se brisa, sur le pavé, la tête, les bras et les jambes. On n'y eut pas
plus tôt amené notre homme, qu'il le frotta par tout le corps d'un
certain onguent qu'il sait faire, et l'enfant aussitôt se leva sur ses
pieds et courut jouer à la fossette [2]. 240

LUCAS. — Ah!

---

1. Élixir obtenu par distillation de chlorure d'or dans de l'huile. « Les chimistes charlatans prétendent faire de l'*or potable* buvable et ils ne peuvent en tirer que la teinture »
(Furetière). — 2. « Petit trou qu'on fait en terre pour y jeter et y faire tenir des balles, des
noix ou des noyaux à quelque distance » (Furetière). L'expression était alors aussi courante qu'aujourd'hui « jouer aux billes ». Ainsi Mᵐᵉ de Sévigné écrivait, le 17 janvier 1680 :
« M. de Saint-Omer a été à l'extrémité [...] le médecin anglais [...] l'a ressuscité, et dans
trois jours il jouera *à la fossette.* »

■■■■■■■■■■■■■■■■■■■■■■■■■■■■■■■■■■■■■■■■■■■■■■■■■■■■■■■■■

- **Sganarelle personnage comique** — Il *porte une fraise, avec un habit jaune
  et vert* (l. 220). Un costume de bouffon donc, puisque mi-parti et que,
  d'autre part, le vert était la couleur des bouffons. Farceur par vocation,
  Molière exigeait du vert dans tous ses costumes de scène ; il en voulut
  même dans celui d'Alceste, « l'homme aux rubans verts » (voir *le Misanthrope*, Bordas, p. 28), bien que celui-ci tînt un rôle « sérieux ». Celui
  de Sganarelle est, en outre, bicolore comme celui d'Arlequin ; et il
  s'orne d'une *fraise* (voir p. 29), vestige d'une mode périmée. Enfin, en
  un temps où tout le monde avait le visage rasé, Sganarelle porte de
  longues moustaches noires, que Martine nomme (l. 220) une *large barbe
  noire ;* ces moustaches faisaient la célébrité de l'acteur Molière, comme
  le visage enfariné avait fait celle de Jodelet. Dans la gravure représen-
  tant le « vray Portrait de M. de Molière en Habit de Sganarelle »,
  Simonin n'a oublié ni la bigarrure du costume, ni la fraise, ni la barbe.

- **Les mœurs** — Un médecin *s'amuse à cueillir des simples* (l. 197) : « nom
  général qu'on donne à toutes les herbes et plantes, parce qu'elles ont
  chacune leur vertu particulière pour servir d'un remède simple » (Furetière). On connaissait les effets des plantes médicinales par les Arabes
  qui avaient transmis les connaissances de Théophraste (disciple d'Aristote dont les ouvrages botaniques sont en grande partie perdus), de
  Galien et surtout de Dioscoride. Notre Jardin des plantes parisien était,
  au XVIIᵉ s., le Jardin royal des plantes médicinales.

- **La farce** — Ne cherchons pas de la vraisemblance dans les deux anecdotes inventées par Martine (l. 225-240), ce sont des « galéjades » tra-
  ditionnelles, faites pour amuser le public.
  ① Pourquoi importe-t-il que le spectateur connaisse les intentions
  de Martine? Supposez que nous les ignorions et dites ce que la scène
  y perdrait.
  ② Pourquoi rions-nous quand nous savons que l'on est en train de
  jouer un bon tour à quelqu'un? Que faudrait-il, pour faire cesser notre
  rire?

■■■■■■■■■■■■■■■■■■■■■■■■■■■■■■■■■■■■■■■■■■■■■■■■■■■■■■■■■

VALÈRE. — Il faut que cet homme-là ait la médecine universelle [1].

MARTINE. — Qui en doute ?

LUCAS — Testegué ! velà [2] justement l'homme qu'il nous faut. Allons
vite le chercher. 245

VALÈRE. — Nous vous remercions du plaisir que vous nous faites.

MARTINE. — Mais souvenez-vous bien au moins de l'avertissement que
je vous ai donné.

LUCAS. — Eh, morguenne ! laissez-nous faire ; s'il ne tient qu'à battre [3],
la vache est à nous [4]. 250

VALÈRE, *à Lucas.* — Nous sommes bien heureux d'avoir fait cette rencontre, et j'en conçois, pour moi, la meilleure espérance du monde.


SCÈNE V. — SGANARELLE, VALÈRE, LUCAS.


SGANARELLE *entre sur le théâtre en chantant et tenant une bouteille.* —
La, la, la !

VALÈRE. — J'entends quelqu'un qui chante, et qui coupe du bois. 255

SGANARELLE. — La, la, la !... Ma foi, c'est assez travaillé pour boire un
coup [5]. Prenons un peu d'haleine. *(Il boit, et dit après avoir bu :)*
Voilà du bois qui est salé comme tous les diables [6]. *(Il chante [7].)*

> Qu'ils sont doux,
> Bouteille jolie, 260
> Qu'ils sont doux
> Vos petits glou-gloux [8] !
> Mais mon sort ferait bien des jaloux,
> Si vous étiez toujours remplie.
> Ah ! bouteille, ma mie [9], 265
> Pourquoi vous vuidez-vous [10] ?

Allons, morbleu ! il ne faut point engendrer de mélancolie [11].

VALÈRE, *bas à Lucas.* — Le voilà lui-même.

LUCAS, *bas à Valère.* — Je pense que vous dites vrai, et que j'avons
bouté [12] le nez dessus. 270

VALÈRE. — Voyons de près.

SGANARELLE, *les apercevant, les regarde en se tournant vers l'un et puis
vers l'autre, et abaissant la voix, dit en embrassant sa bouteille.* — Ah !

---

1. Possède la totalité des connaissances médicales. — 2. Voir *le Patois*, p 89. — 3. S'il
ne s'agit que de le battre. — 4. L'affaire est faite ; expression proverbiale en usage chez les
paysans : effet comique. — 5. *Pour un coup* (éd. 1667). — 6. Plaisanterie populaire : du bois
qui donne soif comme un mets salé. Encore aujourd'hui, au propriétaire d'une maison en
construction le maçon dira que les murs sont si secs qu'ils risquent de s'effriter si on ne les
arrose pas. — 7. L'air de la chanson, demandé sans doute par Molière à Lully, fut publié en
1717. — 8. Aujourd'hui : glouglous. — 9. Voir p. 34. n. 1. — 10. Orthographe habituelle
alors pour *vider* qui figurera dans le *Dict. de l'Acad.* en 1762. — 11. Sens fort. Un mélancolique (du grec *mélaina kholê*, bile noire) a l'humeur noire, c'est un atrabilaire, comme Alceste
(voir *le Misanthrope*, Bordas, p. 32). — 12. Mis : voir p. 44, n. 8.

ma petite friponne [1]! que je t'aime, mon petit bouchon [2]! *(Il
chante.)*                                                                    275

> ... *Mon sort... ferait... bien des... jaloux,*
> *Si...*

Que diable! à qui en veulent ces gens-là?

VALÈRE, *à Lucas*. — C'est lui assurément.

LUCAS, *à Valère*. — Le velà tout craché [3] comme on nous l'a défiguré [4]. 280

---

1. Fripon : « qui dérobe secrètement, qui tâche à tromper ceux qui ont à faire à lui[..],
qui est sans honneur et sans bonne foi » (*Dict.* de Furetière, 1690); le mot *friponne*
implique ici une idée d'amicale complicité. — 2. « Nom de cajolerie qu'on donne aux
petits enfants, aux jeunes filles de basse condition » (Furetière). — 3. « On dit d'un enfant
qui ressemble fort à son père, que c'est son père tout craché » (Furetière). — 4. Dépeint.

---

● **La chanson dans la comédie** — Louis XIV aimait la danse et le chant.
Se conformant à ce goût, Molière a introduit des ballets et des chansons
dans ses comédies. On trouve des airs à la mode dans le prologue et les
intermèdes de *Psyché*, dans le « Ballet des nations » qui termine *le
Bourgeois gentilhomme*, dans l'églogue et les intermèdes du *Malade
imaginaire*...
Mais la chanson des *petits glouglous*, entonnée par Sganarelle, est
une chanson populaire; comme la chanson du roi Henri, aimée d'Alceste
(voir *le Misanthrope* Bordas, p. 46-47; comme la chanson de Jeanneton.
aimée de M. Jourdain (*le Bourgeois gentilhomme*, I, 2). En faisant
entendre des chansons populaires, Molière ne cherchait pas seulement
un effet comique : il réagissait contre le maniérisme précieux. Avec
La Fontaine, d'Assoucy et tous les « gassendistes », il se rangeait parmi
les « vieux gaulois ».

● **L'art de Molière** — Voici trois hommes du peuple : le fagotier Sganarelle,
le domestique Valère, le « nourricier » Lucas. Or, on ne saurait les
confondre, car Molière les a différenciés :
— VALÈRE parle avec soin; le contact quotidien de bons bourgeois a
introduit dans son langage des tournures délicates : *De grâce*, demande-
t-il à Martine (l. 193), *où pouvons-nous le rencontrer* (le fameux médecin)?
*Parlons d'autre façon, de grâce*, demande-t-il à Sganarelle (l. 325).
*C'est trop de grâce que vous nous faites*, lui réplique-t-il (l. 301). Il a son
opinion, comme Sénèque, sur les grands hommes (l. 204). Il a des
connaissances et parle *d'or potable* (l. 234), de *médecine universelle*
(l. 242).
— SGANARELLE ayant servi *six ans un fameux médecin* (l. 10), a quelque
connaissance du *rudiment* (l. 11); mais il cite les proverbes à l'envers
(l. 120) et se conduit en rustre, avec sa femme (I, 1) comme avec sa bouteille (I, 5).
— LUCAS n'a même pas été dégrossi, son langage en témoigne.
① Dans quelle mesure un ivrogne fait-il rire?
② En quoi consiste l'action au début de la scène 5? Dans quelle mesure
en est-ce une? dans quelle mesure, un jeu?
③ Indiquez le nombre des syllabes dans les vers de la chanson. Comment sont disposées les rimes?

SGANARELLE, *à part. (Ici il pose sa bouteille à terre et, Valère se baissant pour le saluer, comme il croit que c'est à dessein de la prendre, il la met de l'autre côté : ensuite de quoi, Lucas faisant la même chose, il la reprend et la tient contre son estomac [1], avec divers gestes qui font un grand jeu de théâtre.)* — Ils consultent [2] en me regardant. Quel 285 dessein auraient-ils ?

VALÈRE. — Monsieur, n'est-ce pas vous qui vous appelez Sganarelle ?

SGANARELLE. — Eh quoi ?

VALÈRE. — Je vous demande si ce n'est pas vous qui se nomme [3] Sganarelle. 290

SGANARELLE, *se tournant vers Valère, puis vers Lucas.* — Oui et non, selon ce que vous lui voulez.

VALÈRE. — Nous ne voulons que lui faire toutes les civilités que nous pourrons.

SGANARELLE. — En ce cas, c'est moi qui se nomme Sganarelle [4]. 295

VALÈRE. — Monsieur, nous sommes ravis de vous voir. On nous a adressés à vous pour ce [5] que nous cherchons, et nous venons implorer votre aide, dont nous avons besoin.

SGANARELLE. — Si c'est quelque chose, Messieurs, qui dépende de mon petit négoce [6], je suis tout prêt à vous rendre service. 300

VALÈRE. — Monsieur, c'est trop de grâce [7] que vous nous faites. Mais, Monsieur, couvrez-vous, s'il vous plaît; le soleil pourrait vous incommoder.

LUCAS. — Monsieu, boutez dessus [8].

SGANARELLE, *à part.* — Voici des gens bien pleins de cérémonie. *(Il se* 305 *couvre.)*

VALÈRE. — Monsieur, il ne faut pas trouver étrange que nous venions à vous : les habiles [9] gens sont toujours recherchés, et nous sommes instruits de votre capacité.

SGANARELLE. — Il est vrai, Messieurs, que je suis le premier homme du 310 monde pour faire des fagots.

VALÈRE. — Ah! Monsieur...

SGANARELLE. — Je n'y épargne aucune chose, et les fais d'une façon [10] qu'il n'y a rien à dire.

---

1. *Estomac* « se dit abusivement de la partie extérieure du corps qu'on appelle autrement le sein, la poitrine, et qui est au-dessus de la ceinture ». (*Dict.* de Furetière, 1690). Les précieuses avaient, en effet, banni le mot *poitrine* du bon langage parce qu'on achetait, chez le boucher, de la poitrine de veau. — 2. Consulter : « demander avis à gens sages et expérimentés dans un art, sur les difficultés qu'on a, en certaines occurrences » (Furetière). Le valet et le « nourricier » se consultent du regard. — 3. Au XVIIe s., le pronom *qui* ayant pour antécédent *moi, nous, vous,* engendre parfois la troisième pers. du sing. Racine a écrit : « Je ne vois plus que vous qui la puisse défendre. » — 4. Voir la n. 3. — 5. Le pronom démonstratif neutre a une valeur diplomatique : se souvenant de ce que lui a dit Martine, Valère a peur d'informer directement Sganarelle. — 6. « Trafic ou commerce, soit en argent, soit en marchandises » (Furetière); ici, fabrication et vente des fagots. — 7. Voir *l'Art de Molière*, p. 43. — 8. Voir *le Patois*, p. 88. *Bouter* est un « vieux mot qui était autrefois fort en usage [...] mais qui ne se dit plus que par le bas peuple et les paysans; et en Picardie, il signifie *mettre* [...] *Boutez* votre chapeau » (Furetière). — 9. Voir p. 31, n. 6. — 10. Nous dirions aujourd'hui : de façon.

VALÈRE. — Monsieur, ce n'est pas cela dont il est question.    315

SGANARELLE. — Mais aussi je les vends cent dix sols le cent.

VALÈRE. — Ne parlons point de cela, s'il vous plaît.

SGANARELLE. — Je vous promets que je ne saurais les donner [1] à moins.

VALÈRE. — Monsieur, nous savons les choses.    320

SGANARELLE. — Si vous savez les choses, vous savez que je les vends cela.

VALÈRE. — Monsieur, c'est se moquer que...

SGANARELLE. — Je ne me moque point, je n'en puis rien rabattre.

---

1. L'emploi de *donner* pour *vendre* est encore fréquent dans le commerce aujourd'hui

---

● **Le comique** — La page commence par *un grand jeu de théâtre* (l. 285), comme on disait au XVIIe siècle, un « gag » dirions-nous aujourd'hui : le gag de la bouteille que Lucas protège contre les ravisseurs possibles. Si souvent utilisé par Molière, le comique du quiproquo apparaît lorsque Valère emploie (l. 308) l'expression *habiles gens*. Comme le mot anglais *clever*, l'adjectif *habile* signifiait à la fois : intelligent et adroit. Valère l'utilise dans le premier sens (un médecin est habile dans l'art de soigner les malades), Sganarelle dans le second (un fagotier est habile dans l'art de faire des fagots). Voir plus haut (*le Ballet comique, source du rire*, p. 37) ce que dit Bergson sur le « conflit de deux obstinations ».

① L'expectative dans laquelle se tient d'abord Sganarelle (l. 291) nous amuse. Pourquoi? Quels sentiments contradictoires animent le finaud?

② *Je suis le premier homme du monde pour faire des fagots* : la réflexion était-elle plus risible au XVIIe siècle qu'aujourd'hui? Nous avons bien organisé des championnats internationaux de labourage. Pourquoi n'y aurait-il pas un champion du monde des fagotiers?

③ Transposez le « gag » de la bouteille, de manière à en faire un dessin animé, dont les personnages seraient des animaux de votre choix.

● **Les mœurs** — Nous qui, depuis la première guerre mondiale, recherchons le soleil et nous dorons, nous brunissons avec une obstination méthodique, nous avons du mal à comprendre qu'au XVIIe siècle une personne de qualité fuyait le soleil et s'en préservait avec soin pour conserver la peau aussi blanche que possible et se distinguer des paysans, des manouvriers qui selon l'expression de La Bruyère (*les Caractères*, XI, 128) étaient « tout brûlés du soleil ». Ainsi s'explique la réflexion de Valère qui, très respectueusement, dit au médecin supposé : *Le soleil pourrait vous incommoder* (l. 302).

④ Expliquez le comique de cette réplique.

VALÈRE. — Parlons d'autre façon, de grâce.                                    325

SGANARELLE. — Vous en [1] pourrez trouver autre part à moins : il y a
    fagots et fagots [2] ; mais pour ceux que je fais...

VALÈRE. — Eh! Monsieur, laissons là ce discours [3].

SGANARELLE. — Je vous jure que vous ne les auriez pas, s'il s'en fallait
    un double [4].                                          330

VALÈRE. — Eh! fi [5]!

SGANARELLE. — Non, en conscience, vous en payerez cela. Je vous
    parle sincèrement, et ne suis pas homme à surfaire [6].

VALÈRE. — Faut-il, Monsieur, qu'une personne comme vous s'amuse
    à ces grossières feintes ? s'abaisse à parler de la sorte ? qu'un homme 335
    si savant, un fameux médecin comme vous êtes, veuille se déguiser
    aux yeux du monde et tenir enterrés les beaux talents qu'il a ?

SGANARELLE, *à part*. — Il est fou.

VALÈRE. — De grâce, Monsieur, ne dissimulez [7] point avec nous.

SGANARELLE. — Comment ?                                                       340

LUCAS. — Tout ce tripotage ne sart de rian ; je savons çen que je
    savons [8].

SGANARELLE. — Quoi donc ? que me voulez-vous dire ? Pour qui me pre-
    nez-vous ?

VALÈRE. — Pour ce que vous êtes, pour un grand médecin.                       345

SGANARELLE. — Médecin vous-même ! je ne le suis point, et ne l'ai
    jamais été.

VALÈRE, *bas*. — Voilà sa folie qui le tient. *(Haut.)* Monsieur, ne veuillez
    point nier les choses davantage ; et n'en venons point, s'il vous plaît,
    à de fâcheuses extrémités.                                       350

SGANARELLE. — A quoi donc ?

VALÈRE. — A de certaines choses dont nous serions marris [9].

SGANARELLE. — Parbleu ! venez-en à tout ce qu'il vous plaira : je ne suis
    point médecin, et ne sais ce que vous me voulez dire [10].

VALÈRE, *bas*. — Je vois bien qu'il se faut servir du remède. *(Haut.)*       355
    Monsieur, encore un coup, je vous prie d'avouer ce que vous
    êtes.

LUCAS. — Et testegué ! ne lantiponez [11] point davantage, et confessez
    à la franquette [12] que v'êtes médecin.

SGANARELLE, *à part*. — J'enrage.                                             360

VALÈRE. — A quoi bon nier ce qu'on sait ?

---

1. Des fagots, nommés à la l. 311 et dont il a été question à l'aide du pronom *les* (de
manière à faciliter le quiproquo), trois fois utilisé de fagots. — 2. La phrase est
devenue proverbe. — 3. Ce propos, cette question de fagots. — 4. S'il s'en fallait d'un
*double*, si vous me proposiez un *double* de moins que le prix de 110 sols (fixé à la l. 316).
Un *double* était une « petite monnaie de cuivre valant deux deniers » (*Dict.* de Furetière,
1690) ; il y avait 12 deniers dans un sou. — 5. Tout cela n'est pas digne de votre qualité :
la réplique suivante de Valère développe le sens de l'interjection. — 6. A augmenter les
prix, en prévision d'un marchandage. — 7. Le verbe exigerait aujourd'hui un complément. — 8. Voir *le Patois*, p. 88. — 9. Fâchés. — 10. Voir p. 32, n. 10. — 11. Voir *le
Patois*, p. 88. *Lantiponer*, « terme populaire et burlesque qui signifie : faire les choses mala-
droitement, tourmenter, harceler quelqu'un en le tiraillant » (Furetière). Nous dirions
aujourd'hui : lanterner. — 12. Nous dirions : à la bonne franquette.

LUCAS. — Pourquoi toutes ces fraimes-là [1] ? à quoi est-ce que ça vous sart ?

SGANARELLE. — Messieurs, en un mot autant qu'en deux mille, je vous dis que je ne suis point médecin.

VALÈRE. — Vous n'êtes point médecin ?                                    365

SGANARELLE. — Non.

LUCAS. — V'n'êtes pas médecin ?

SGANARELLE. — Non, vous dis-je.

VALÈRE. — Puisque vous le voulez, il faut donc s'y résoudre. *(Ils* 370 *prennent un bâton et le frappent.)*

SGANARELLE. — Ah ! ah ! ah ! Messieurs, je suis tout ce qu'il vous plaira.

---

1. Déformation du mot *fraimes* : manières ; *feintes*, avait dit Valère à la l. 335.

■■■■■■■■■■■■■■■■■■■■■■■■■■■■■■■■■■■■■■■■■■■■■■■■■■■■■■■■■■■■■■■■■■■■■

● **Le comique** produit par deux obstinations qui se développent parallèlement (voir *le Ballet comique*, p. 37) se poursuit jusqu'à la question posée par Sganarelle (l. 343) : *Pour qui me prenez-vous ?* Mais le jeu des obstinations irréductibles rebondit après que Valère a répondu (l. 345) : *Pour [...] un grand médecin.* Car Sganarelle refuse, tout naturellement, de s'avouer médecin puisqu'il est fagotier. Valère et Lucas, bien chapitrés par Martine (l. 247), se montrent de plus en plus pressants et finissent par poser l'ultimatum qui précède les coups. Valère le formule d'abord (l. 365), Lucas le reprend en écho (l. 367), prononçant les mots à sa façon (seconde source de comique).

— L'ultimatum menaçant (préparé dès la l. 349 : *n'en venons point, s'il vous plaît, à de fâcheuses extrémités*) réjouit les spectateurs qui, sachant ce qu'ignore Sganarelle, s'attendent à le voir battu : n'a-t-il pas allégrement battu sa femme (I, 1) et M. Robert (I, 2)?

— La lâcheté de Sganarelle, qui s'avoue ce qu'on voudra (l. 372) dès les premiers coups, libère le rire, que l'ultimatum avait préparé. Il s'avouera *médecin* à la l. 386, *apothicaire encore* « si on le trouve bon ». *Encore* s'explique par le fait que les apothicaires avaient une situation sociale très inférieure à celle des médecins : voir *le Malade imaginaire* Bordas p. 29 et suiv.

— On découvre enfin un comique de mots dans la réplique de la l. 346 : *Médecin vous-même,* répond Sganarelle à Valère qui le prend pour un grand médecin. Comme si le titre de médecin était une injure ! Molière prit si souvent à partie les médecins, il avait si peu de confiance en leur art qu'il dut se faire un malin plaisir à inventer cette injure.

① Jusqu'à quel point aimons-nous voir battre celui qui a donné des coups ? voir volé celui qui a volé ? Dans quelles fables La Fontaine nous a-t-il donné ce plaisir ?

② Cherchez, dans les grandes comédies de Molière, des exemples de comique suscité par une double obstination.

■■■■■■■■■■■■■■■■■■■■■■■■■■■■■■■■■■■■■■■■■■■■■■■■■■■■■■■■■■■■■■■■■■■■■

VALÈRE. — Pourquoi, Monsieur, nous obligez-vous à cette violence ?

LUCAS. — A quoi bon nous bailler [1] la peine de vous battre ?

VALÈRE. — Je vous assure que j'en ai tous les regrets du monde.

LUCAS. — Par ma figué [2] ! j'en sis fâché, franchement.

SGANARELLE. — Que diable est-ce ci [3], Messieurs ? De grâce [4], est-ce pour rire, ou si tous deux vous extravaguez [5], de vouloir que je sois médecin ?

VALÈRE. — Quoi ! vous ne vous rendez pas encore, et vous vous défendez [380] d'être médecin ?

SGANARELLE. — Diable emporte si je le suis !

LUCAS. — Il n'est pas vrai qu'vous [6] sayez médecin ?

SGANARELLE. — Non, la peste m'étouffe [7] ! *(Là, ils recommencent de le battre.)* Ah ! ah ! Hé bien ! Messieurs, oui, puisque vous le voulez, [385] je suis médecin, je suis médecin ; apothicaire encore, si vous le trouvez bon. J'aime mieux consentir à tout que de me faire assommer.

VALÈRE. — Ah ! voilà qui va bien, Monsieur ; je suis ravi de vous voir raisonnable. [390]

LUCAS. — Vous me boutez [8] la joie au cœur, quand je vous vois parler [9] comme ça.

VALÈRE. — Je vous demande pardon de toute mon âme.

LUCAS. — Je vous demandons excuse de la liberté que j'avons prise.

SGANARELLE, *à part.* — Ouais [10] ! serait-ce bien moi qui me tromperais, et [395] serais-je devenu médecin sans m'en être aperçu ?

VALÈRE. — Monsieur, vous ne vous repentirez pas de nous montrer ce que vous êtes, et vous verrez assurément que vous en serez satisfait.

SGANARELLE. — Mais, Messieurs, dites-moi, ne vous trompez-vous [400] point vous-mêmes ? Est-il bien assuré que je sois médecin ?

LUCAS. — Oui, par ma figué [11] !

SGANARELLE. — Tout de bon ?

VALÈRE. — Sans doute [12].

SGANARELLE. — Diable emporte [13] si je le savais ! [405]

VALÈRE. — Comment ! vous êtes le plus habile [14] médecin du monde.

SGANARELLE. — Ah ! ah !

LUCAS. — Un médecin qui a guéri je ne sais combien de maladies.

---

1. Donner. — 2. Voir *le Patois*, p. 88. — 3. Y a-t-il *(est-ce)* ici *(ci)*. Variante (1667) : *est-ce ? Messieurs, de grâce…* — 4. Gagné par la civilité de Valère, Sganarelle emprunte cette expression recherchée. Molière se moque sans doute ici d'une personne de la Cour ou de la Ville qui devait répéter *De grâce* à tout bout de champ. — 5. Agissez d'une manière extravagante : voir p. 40, n. 5. La phrase est construite comme, en latin, la double interrogation *utrum… an* ; coordonnée à la première, la seconde interrogation est introduite par *si*, comme une interrogation directe. — 6. *Qu'ous* (éd. 1667). — 7. Que la peste m'étouffe si je mens. — 8. Voir p. 44, n. 8. — 9. L'expression est comique car Lucas ne se rend pas compte de ce qu'il dit : *voir* parler, au lieu de : *entendre* parler. — 10. Onomatopée, exclamation marquant la surprise. — 11. Ma foi *(fi)* en Dieu *(gué)* : voir p. 32, n. 5. — 12. Voir p. 36, n. 2. — 13. Que le diable m'emporte. La langue classique omettait parfois *que* devant un subjonctif marquant le souhait. La Fontaine : « Un plus savant le fasse » *(Fables*, II, 1). — 14. Voir p. 31, n. 6.

SGANARELLE. — Tudieu!

VALÈRE. — Une femme était tenue pour morte il y avait six heures; elle [410] était prête à ensevelir, lorsqu'avec une goutte de quelque chose vous la fîtes revenir et marcher d'abord [1] par la chambre.

SGANARELLE. — Peste!

LUCAS. — Un petit enfant de douze ans se laissit choir du haut d'un clocher, de quoi il eut la tête, les jambes et les bras cassés; et vous, [415] avec je ne sais quel onguent, vous fîtes qu'aussitôt il se relevit sur ses pieds et s'en fut jouer à la fossette [2].

---

1. Aussitôt. — 2. Voir p. 41, n. 2.

---

● **Le comique** — Molière a souvent utilisé le procédé qui consiste à doubler une personne par une autre qui l'imite avec une servilité mécanique. Ainsi, dans *les Précieuses ridicules*, Magdelon nous apparaît comme la « doublure » de sa cousine Cathos; Armande comme la doublure de sa mère Philaminte dans *les Femmes savantes*. Ici, deux hommes « cuisinent » Sganarelle : un domestique stylé, Valère, un paysan non dégrossi, Lucas; et celui-ci calque ses dires sur ceux de Valère : il traduit, en quelque sorte, un langage correct en un langage grotesque.

| VALÈRE | LUCAS |
|---|---|
| l. 373 Pourquoi [...] nous obligez-vous à cette violence? | A quoi bon nous bailler la peine de vous battre? |
| l. 375 J'en ai tous les regrets. | J'en sis fâché. |
| l. 380 Vous vous défendez d'être médecin? | Il n'est pas vrai qu'vous sayez médecin? |
| l. 389 Je suis ravi. | Vous me boutez la joie au cœur. |

Le comique de répétition se présente sous un autre aspect quand Valère et Lucas reprennent les deux anecdotes inventées par Martine (l. 225-240) pour soutenir la réputation supposée du médecin Sganarelle. Nous sommes informés, mais nous attendons la narration sans ennui car nous nous demandons ce que Sganarelle va en penser.

| MARTINE | VALÈRE |
|---|---|
| On la tenait morte | était tenue pour morte |
| il y avait déjà six heures..., | il y avait six heures; |
| on se disposait à l'ensevelir..., | elle était prête à ensevelir... |
| une petite goutte de je ne sais quoi... | une goutte de quelque chose... |
| se promener dans | marcher d'abord par |
| sa chambre. | la chambre. |

① Mettez en parallèle, de cette manière, ce qui concerne la seconde anecdote.

② Pourquoi la lâcheté de Sganarelle est-elle comique? Dans quelles conditions la lâcheté fait-elle rire? dans quelles conditions indigne-t-elle?

SGANARELLE. — Diantre [1] !

VALÈRE. — Enfin, Monsieur, vous aurez contentement [2] avec nous; et vous gagnerez ce que vous voudrez, en vous laissant conduire où nous prétendons vous mener.

SGANARELLE. — Je gagnerai ce que je voudrai [3] ?

VALÈRE. — Oui.

SGANARELLE. — Ah! je suis médecin, sans contredit. Je l'avais oublié mais je m'en ressouviens. De quoi est-il question? où faut-il se transporter?

VALÈRE. — Nous vous conduirons. Il est question d'aller voir une fille qui a perdu la parole.

SGANARELLE. — Ma foi! je ne l'ai pas trouvée [4].

VALÈRE, *bas à Lucas.* — Il aime à rire. *(A Sganarelle.)* Allons, Monsieur

SGANARELLE. — Sans une robe de médecin?

VALÈRE. — Nous en prendrons une.

SGANARELLE, *présentant sa bouteille à Valère.* — Tenez cela, vous : voilà où je mets mes juleps [5]. *(Puis se tournant vers Lucas en crachant.)* Vous, marchez là-dessus [6], par ordonnance du médecin.

LUCAS [7]. — Palsanguenne [8] ! velà un médecin qui me plaît; je pense qu'il réussira, car il est bouffon [9].

---

1. Corruption du mot *diable* : voir p. 32, n. 5. — 2. Satisfaction. — 3. La vivacité de la réplique amuse. Sganarelle ne semble mû que par la peur et l'intérêt. Il s'est avoué médecin par peur des coups. Il se déclare maintenant médecin dans l'espoir du gain. — 4. Sganarelle n'a pas perdu sa bonne humeur dans l'aventure, et il nous fait rire car notre attention était fixée sur une jeune fille qui a perdu la parole; nous ne nous attendions pas au jeu de mots sur le verbe *perdu*. — 5. « Potion douce et agréable [...] composée d'eaux distillées ou de légères décoctions qu'on cuit avec une once de sucre sur 7 ou 8 onces de liqueur ou de sucs clarifiés »(*Dict.* de Furetière, 1690). Prononcer : *julé.* — 6. Sganarelle prend sa revanche : il utilise Valère comme laquais en lui faisant porter la bouteille; il force le paysan Lucas à marcher sur un crachat; conclure qu'en tout homme sommeille un tyran serait bien grave, le comique d'attitude se fonde pourtant ici sur ce trait de caractère humain. — 7. L'édition de 1682 indique *Valère ;* c'est une erreur car Valère ne patoise pas. — 8. Voir p. 32, n. 5. — 9. Il y a ici un mot d'auteur, car Molière se voulait bouffon (en ce qui concerne le vert dans ses costumes, voir *Sganarelle personnage comique*, p. 41) et son apparition sur la scène du Palais-Royal déclenchait le rire des habitués. Après le *Misanthrope*, pièce trop sérieuse qui avait subi un demi-échec (voir l'éd. **Bordas,** p. 18-23) il faisait un appel à son public en lui disant, en somme, que, pour lui plaire, il revenait à la farce. L'auteur du *Misanthrope* n'avait pas réussi car il était trop grave; l'auteur du *Médecin malgré lui* réussira, *car il est bouffon.*

# ACTE II [1]

## Scène première. — GÉRONTE, VALÈRE, LUCAS, JACQUELINE.

VALÈRE. — Oui, Monsieur, je crois que vous serez satisfait; et nous vous avons amené le plus grand médecin du monde [2].

LUCAS. — Oh! morguenne [3]! il faut tirer l'échelle après ceti-là, et 440 tous les autres ne sont pas daignes de li déchausser ses souillez [4].

VALÈRE. — C'est un homme qui a fait des cures merveilleuses.

LUCAS. — Qui a gari des gens qui estiants morts.

VALÈRE. — Il est un peu capricieux, comme je vous ai dit; et parfois il a des moments où son esprit [5] s'échappe et ne paraît pas ce qu'il 445 est.

LUCAS. — Oui, il aime à bouffonner [6], et l'an dirait parfois, ne v's en déplaise, qu'il a quelque petit coup de hache à la tête [7].

VALÈRE. — Mais, dans le fond, il est tout science, et bien souvent il dit des choses tout à fait relevées [8]. 450

LUCAS. — Quand il s'y boute [9], il parle tout fin drait [10] comme s'il lisait dans un livre.

VALÈRE. — Sa réputation s'est déjà répandue ici, et tout le monde vient à lui [11]

GÉRONTE. — Je meurs d'envie de le voir; faites-le moi vite venir. 455

VALÈRE. — Je le vais querir [12].

JACQUELINE. — Par ma fi [13]! Monsieur, ceti-ci fera justement ce qu'ant fait les autres. Je pense que ce sera queussi queumi [14]; et la meilleure médeçaine que l'an pourrait bailler à votre fille, ce serait, selon moi, un biau et bon mari, pour qui elle eût de l'amiquié [15]. 460

GÉRONTE. — Ouais! Nourrice, ma mie [16], vous vous mêlez de bien des choses.

LUCAS. — Taisez-vous, notre ménagère [17] Jaquelaine : ce n'est pas à vous à bouter [18] là votre nez.

JACQUELINE. — Je vous dis et vous douze [19] que tous ces médecins n'y 465

---

1. Le théâtre représente maintenant une chambre dans la maison de Géronte. — 2. Ainsi le premier fagotier du monde (l. 310) est demeuré champion en devenant médecin. — 3. Mort *(mor)* Dieu *(guenne)* : voir p. 32 n. 5. — 4. L'expression fait pléonasme. — 5. Son intelligence. — 6. Allusion au dernier mot de l'acte I. — 7. Chrysale dira plus simplement, de Trissotin (*les Femmes savantes*, v. 614) : « Et je lui crois, pour moi, le timbre un peu fêlé. » — 8. De tout premier ordre. — 9. Quand il s'y met : voir p. 44, n. 8. — 10. Tout fin droit : exactement. — 11. Si Valère vante le médecin, n'est-ce pas pour se vanter de l'avoir découvert ? — 12. « Envoyer chercher » (*Dict.* de Furetière, 1690). — 13. Par ma foi. — 14. Tout pareil; l'expression ne figure pas dans Furetière. — 15. De l'amour : voir p. 38, n. 8. — 16. Voir p. 34, n. 1. — 17. Notre femme : le pluriel de politesse et le terme vulgaire de *ménagère* font un mélange typique. Jacqueline utilisera aussi le pluriel de politesse à la l. 724. — 18. Mettre : voir p. 44, n. 8. — 19. Affreux calembour aimé des écoliers : je vaux (vous) 10 (prononcé *diz*) et vous 12.

51

feront rian que de l'iau claire; que votre fille a besoin d'autre
chose que de ribarbe et de séné[1], et qu'un mari est eun emplâtre[2]
qui garit tous les maux des filles.

GÉRONTE. — Est-elle en état maintenant qu'on s'en voulût charger, [470]
avec l'infirmité qu'elle a? Et lorsque j'ai été dans le dessein de la
marier, ne s'est-elle pas opposée à mes volontés?

JACQUELINE. — Je le crois bien : vous li vouilliez bailler[3] eun[4] homme
qu'alle n'aime point. Que ne preniais-vous ce Monsieu Liandre,
qui li touchait au cœur? Alle aurait été fort obéissante; et je m'en
vas gager qu'il la prendrait, li, comme alle est, si vous la li vouillais [475]
donner.

GÉRONTE. — Ce Léandre n'est pas ce qu'il lui faut : il n'a pas du bien[5]
comme l'autre.

JACQUELINE. — Il a eun oncle qui est si riche, dont il est hériquié.

GÉRONTE. — Tous ces biens à venir me semblent autant de chansons[6]. [480]
Il n'est rien tel que ce qu'on tient; et l'on court grand risque de
s'abuser, lorsque l'on compte sur le bien qu'un autre vous garde.
La mort n'a pas toujours les oreilles ouvertes aux vœux et aux
prières de Messieurs les héritiers; et l'on a le temps d'avoir les
dents longues[7], lorsqu'on attend, pour vivre, le trépas de quel- [485]
qu'un.

JACQUELINE. — Enfin j'ai toujours ouï dire qu'en mariage, comme
ailleurs, contentement passe richesse[8]. Les pères et les mères ant
cette maudite conteume de demander toujours : « Qu'a-t-il? » et :
« Qu'a-t-elle? » et le compère[9] Piarre a marié sa fille Simonette au [490]
gros Thomas pour un quarquié[10] de vaigne qu'il avait davantage[11]
que le jeune Robin, où alle avait bouté[12] son amiquié[13]; et velà que
la pauvre creiature en est devenue jaune comme eun coing, et n'a
point profité tout[14] depuis ce temps-là. C'est un bel exemple pour
vous, Monsieu[15]. On n'a que son plaisir en ce monde; et j'aimerais [495]
mieux bailler[16] à ma fille eun bon mari qui li fût agréable, que
toutes les rentes de la Biausse[17].

GÉRONTE. — Peste! Madame la Nourrice, comme vous dégoisez[18]!
Taisez-vous je vous prie : vous prenez trop de soin[19], et vous échauffez
votre lait. [500]

---

1. « Simples » de grand usage en médecine. Le *séné* est, selon Furetière, un « arbris-
seau qui croît en Éthiopie sur les bords du Nil [...] Les médecins d'Europe l'emploient
en toutes sortes de purgations et tisanes ». — 2. « Remède topique qu'on applique
sur quelque plaie ou tumeur, composé ordinairement d'onguent étendu sur du linge
ou du cuir » (*Dict.* de Furetière, 1690). Substantif masculin, selon Furetière, d'où la
correction (éd. 1667 : *eune*). — 3. Voir p. 48, n. 1. — 4. Voir *le Patois*, p. 89. — 5. De
fortune. — 6. De chimères. — 7. De désirer : les dents des rongeurs s'allongent quand
ils n'ont rien à ronger. — 8. Le bonheur vaut mieux que la richesse. — 9. Voir p. 35,
n. 1. *Piarre* est la corruption de *Pierre*. Éd. 1667 : *Biarre*. — 10. Le quart d'un arpent,
soit, à Paris, 55 pieds carrés. — 11. De plus. — 12. Voir p. 44, n. 8. — 13. Voir p. 38,
n. 8. — 14. Du tout. — 15. Voir *le Patois*, p. 89. — 16. Voir la n. 3. — 17. La Fontaine
fait état de la richesse des Beaucerons dans *la Beauce et les Bossus* (lettre du 3 sept. 1663).
— 18. *Dégoiser* « se dit figurément de ceux qui parlent trop et mal à propos » (Furetière).
— 19. Soucis.

LUCAS, *en disant ceci, frappe sur la poitrine de Géronte.* — Morgué! tais-toi, t'es eune [1] impartinante. Monsieur n'a que faire de tes discours, et il sait ce qu'il y a à faire. Mêle-toi de donner à teter à ton enfant, sans tant faire la raisonneuse. Monsieur est le père de sa fille, et il est bon et sage pour voir ce qu'il y faut.                          505

GÉRONTE. — Tout doux! oh! tout doux!

LUCAS, *frappant encore sur l'épaule de Géronte.* — Monsieur, je veux un peu la mortifier et li apprendre le respect qu'alle vous doit.

GÉRONTE. — Oui; mais ces gestes ne sont pas nécessaires.

---

1. Voir *le Patois*, p. 89. Variante (1667) : *cune* (qu'une).

■■■■■■■■■■■■■■■■■■■■■■■■■■■■■■■■■■■■■■■■■■■■■■■■■■■■■■■■■■■■■■■■■■

● **Les thèses** — Dans presque toutes ses comédies, Molière charge un ou plusieurs personnages d'exprimer sa philosophie « gassendiste » : il faut se plier aux inclinations naturelles et ne point les contrarier. Dans *les Femmes savantes* ( Bordas, voir le schéma p. 23 ), Ariste, Chrysale et sa fille cadette Henriette soutiennent cette thèse contre Philaminte, Armande et Bélise. Dans *Tartuffe*, c'est la servante Dorine qui se fait le porte-parole de Molière contre le faux-dévot et M. Orgon. Dans *le Bourgeois gentilhomme*, c'est Mme Jourdain et sa servante Nicole qui se dressent contre le chimérique M. Jourdain. Dans *le Médecin malgré lui*, c'est Jacqueline qui défend le bon sens avec une verdeur paysanne. Quatre phrases lui suffisent :

— Point besoin de médecins; *un mari est eun emplâtre qui garit tous les maux des filles* (l. 467).

— La fortune ne fait pas le bonheur : *contentement passe richesse* (l. 488); et *j'aimerais mieux bailler à ma fille eun bon mari qui li fût agréable, que toutes les rentes de la Biausse* (l. 495).

— Il faut rechercher toutes les occasions de plaisir : *on n'a que son plaisir en ce monde* (l. 495).

① Que manque-t-il à cette philosophie, selon vous?

● **Les caractères** — GÉRONTE présente quelque ressemblance avec Harpagon : il considère les promesses d'argent comme des billevesées, comme *autant de chansons* (l. 480), et n'apprécie que les pièces sonnantes et trébuchantes : *il n'est rien tel que ce qu'on tient* (l. 481).

● **La farce** — Morigénant sa femme, Lucas *frappe sur la poitrine de Géronte* (l. 501). Le geste se trompe d'adresse, selon un procédé comique. Les gestes de Lucas ponctuent ses paroles, mais il ne se rend pas compte que gestes et mots ne s'adressent pas au même personnage. Il est attentif à ce qu'il dit, non à ce qu'il fait.

② Imaginez un autre « gag », fondé sur le même principe de la semi-conscience.

■■■■■■■■■■■■■■■■■■■■■■■■■■■■■■■■■■■■■■■■■■■■■■■■■■■■■■■■■■■■■■■■■■

Scène II. — VALÈRE, SGANARELLE, GÉRONTE, LUCAS, JACQUELINE.

VALÈRE. — Monsieur, préparez-vous; voici notre médecin [1] qui entre. [510]

GÉRONTE, *à Sganarelle.* — Monsieur, je suis ravi de vous voir chez moi, et nous avons grand besoin de vous.

SGANARELLE, *en robe de médecin, avec un chapeau des plus pointus* [2]. — Hippocrate [3] dit... que nous nous couvrions tous deux. [515]

GÉRONTE. — Hippocrate dit cela?

SGANARELLE. — Oui.

GÉRONTE. — Dans quel chapitre, s'il vous plaît?

SGANARELLE. — Dans son chapitre... des chapeaux.

GÉRONTE. — Puisque Hippocrate le dit, il le faut faire [4]. [520]

SGANARELLE. — Monsieur le Médecin, ayant appris les merveilleuses choses...

GÉRONTE. — A qui parlez-vous, de grâce [5]?

SGANARELLE. — A vous.

GÉRONTE. — Je ne suis pas médecin. [525]

SGANARELLE. — Vous n'êtes pas médecin [6]?

GÉRONTE. — Non, vraiment.

SGANARELLE *prend ici un bâton, et le bat comme on l'a battu.* — Tout de bon?

GÉRONTE. — Tout de bon. Ah! ah! ah!

SGANARELLE. — Vous êtes médecin maintenant; je n'ai jamais eu d'autres licences [7]. [530]

GÉRONTE, *à Valère.* — Quel diable d'homme m'avez-vous là amené?

VALÈRE. — Je vous ai bien dit que c'était un médecin goguenard [8].

GÉRONTE. — Oui; mais je l'envoirais [9] promener avec ses goguenarderies. [535]

LUCAS. — Ne prenez pas garde à ça, Monsieu [10] : ce n'est que pour rire.

GÉRONTE. — Cette raillerie ne me plaît pas.

SGANARELLE. — Monsieur, je vous demande pardon de la liberté que j'ai prise. [540]

---

1. Celui que nous vous avons trouvé. — 2. Voir ci-contre *le Costume de Sganarelle médecin*. — 3. Hippocrate de Cos (460?-377? av. J.-C.), considéré comme le fondateur de la médecine. — 4. Voir p. 32, n. 10. — 5. C'est certainement Géronte qui a fait adopter par Valère (voir *l'Art de Molière*, p. 43) cette expression dont il se pare. — 6. C'est, à un mot près, la question posée par Valère à Sganarelle à la l. 366. Sganarelle ne l'a pas oubliée : elle lui est restée sur le cœur. — 7. Au sens propre : titres permettant d'exercer. La licence ès-Lettres ou ès-sciences *(licentia docendi)* est, selon l'étymologie, la « permission » d'enseigner les Lettres ou les sciences. En médecine, les licences étaient (ainsi celles dont fait état Thomas Diafoirus dans *le Malade imaginaire*, II, 5) l'autorisation de stage donnée aux bacheliers candidats au grade de Docteur, après deux ans de cours et controverses. — 8. « Qui est plaisant, qui a coutume de dire des mots pour rire » *(Dict.* de Furetière, 1690). Le mot *goguenarderies* (l. 534) n'est pas dans Furetière; Molière l'a préféré au vieux mot *goguenardie.* Dans l'adjectif et le nom, on trouve le radical *gogue* qui « signifiait autrefois : plaisanterie, joyeuseté » (Furetière). — 9. Enverrais. — 10. Voir *le Patois,* p. 89.

GÉRONTE. — Monsieur, je suis votre serviteur[1].

SGANARELLE. — Je suis fâché...

GÉRONTE. — Cela n'est rien.

SGANARELLE. — Des coups de bâton...

GÉRONTE. — Il n'y a pas de mal.                                    545

SGANARELLE. — Que j'ai eu l'honneur[2] de vous donner.

GÉRONTE. — Ne parlons plus de cela. Monsieur, j'ai une fille qui est
  tombée dans une étrange maladie.

SGANARELLE. — Je suis ravi, Monsieur, que votre fille ait besoin de moi;
  et je souhaiterais de tout mon cœur que vous en eussiez besoin    550
  aussi, vous et toute votre famille, pour vous témoigner l'envie
  que j'ai de vous servir[3].

GÉRONTE. — Je vous suis obligé de ces sentiments.

SGANARELLE. — Je vous assure que c'est du meilleur de mon âme que
  je vous parle.                                                    555

GÉRONTE. — C'est trop d'honneur que vous me faites.

---

1. Formule de congé : Géronte renvoie le *médecin goguenard*. — 2. D'ordinaire, en
effet, ce sont les maîtres qui battent leurs serviteurs ou les gens du peuple; mais Géronte
ignore que Sganarelle est un simple fagotier. Il y a du sel dans la réflexion de Sganarelle :
c'est un pince-sans-rire. — 3. Ainsi Sganarelle avait offert ses services à M. Dimanche
(*Dom Juan*, IV, 3) : « Et je voudrais qu'il vous arrivât quelque chose... »

▪▪▪▪▪▪▪▪▪▪▪▪▪▪▪▪▪▪▪▪▪▪▪▪▪▪▪▪▪▪▪▪▪▪▪▪▪▪▪▪▪▪▪▪▪▪▪▪▪▪▪▪▪▪▪▪▪▪▪▪▪▪

● **Le comique** — Le facétieux Sganarelle n'est pas sans ressemblance avec
le Panurge de Rabelais. Ayant été baptisé médecin à coups de bâton,
il se donne le plaisir de baptiser Géronte selon le même cérémonial. Ce
faisant, il rend au maître les coups que lui-même a reçus des valets.
Ne cherchons point le naturel, ici. Nous sommes en pleine farce. « Est
comique tout arrangement d'actes et d'événements qui nous donne,
insérées l'une dans l'autre, l'illusion de la vie et la sensation nette d'un
agencement mécanique » (Bergson, ouvrage cité, p. 53). Mais le « gag »
est fondé sur un trait bien humain : le désir de prendre sa revanche.

● **Les caractères** — *Médecin goguenard* (l. 533), Sganarelle l'est pour notre
joie. Venant d'apprendre que Géronte a *une fille qui est tombée dans une
étrange maladie* (l. 547), il réplique : *Je suis ravi, Monsieur*, — et nous
éclatons de rire avant que la subordonnée conjonctive ne nous ramène
dans la gravité : *ravi que votre fille ait besoin de moi*. Nous rions de
nouveau lorsque Sganarelle reprend : *Je souhaiterais de tout mon cœur
que vous en eussiez besoin aussi*, — car nous sommes préparés à ce genre
de comique par la première réplique.

● **Le costume de Sganarelle médecin** — Son *chapeau des plus pointus*
(l. 513) faisait rire en 1666 parce qu'alors tout le monde portait un
chapeau à coiffe ronde.

① Expliquez le comique fondé sur la contradiction entre ces deux
répliques de Géronte : *nous avons grand besoin de vous* (l. 512) et *je suis
votre serviteur* (l. 541).

▪▪▪▪▪▪▪▪▪▪▪▪▪▪▪▪▪▪▪▪▪▪▪▪▪▪▪▪▪▪▪▪▪▪▪▪▪▪▪▪▪▪▪▪▪▪▪▪▪▪▪▪▪▪▪▪▪▪▪▪▪▪

SGANARELLE. — Comment s'appelle votre fille ?

GÉRONTE. — Lucinde [1].

SGANARELLE. — Lucinde ! Ah ! beau nom à médicamenter [2] ! Lucinde !

GÉRONTE. — Je m'en vais voir un peu ce qu'elle fait. 560

SGANARELLE. — Qui est cette grande femme-là ?

GÉRONTE. — C'est la nourrice d'un petit enfant que j'ai.

SGANARELLE, *à part.* — Peste ! le joli meuble [3] que voilà ! *(Haut.)* Ah ! nourrice, charmante nourrice, ma médecine est la très humble esclave de votre nourricerie, et je voudrais bien être le petit poupon [565] fortuné qui tétât le lait *(il lui porte la main sur le sein)* de vos bonnes grâces. Tous mes remèdes, toute ma science, toute ma capacité [4] est à votre service, et...

LUCAS. — Avec votre permission [5], Monsieu [6] le Médecin, laissez là ma femme, je vous prie. 570

SGANARELLE. — Quoi ! est-elle votre femme ?

LUCAS. — Oui.

SGANARELLE *fait semblant d'embrasser [7] Lucas et, se tournant du côté de la Nourrice, il l'embrasse.* — Ah ! vraiment, je ne savais pas cela, et je m'en réjouis pour l'amour de l'un et de l'autre. 575

LUCAS, *en le tirant.* — Tout doucement [8], s'il vous plaît.

SGANARELLE. — Je vous assure que je suis ravi que vous soyez unis ensemble [9]. Je la félicite d'avoir *(il fait encore semblant d'embrasser Lucas et, passant dessous ses bras, se jette au col de sa femme)* un mari comme vous ; et je vous félicite, vous, d'avoir une femme [580] si belle, si sage [10], et si bien faite comme elle est.

LUCAS, *en le tirant encore.* — Eh ! testigué [11] ! point tant de compliments [12], je vous supplie.

SGANARELLE. — Ne voulez-vous pas que je me réjouisse avec vous d'un si bel assemblage [13] ? 585

LUCAS. — Avec moi, tant qu'il vous plaira ; mais avec ma femme, trêve de sarimonie [14].

SGANARELLE. — Je prends part également au bonheur de tous deux ;

---

1. Nom de roman. — 2. *Médicamenter :* « panser un malade, un blessé, lui énoncer les médicaments nécessaires » (*Dict.* de Furetière. 1690). Sganarelle joue avec le mot, sa réplique n'a pas de sens précis : nom bien propre à une malade ? Selon une tradition qui remonte peut-être au XVII<sup>e</sup> s., l'acteur jouant le rôle de Sganarelle traduit le nom en latin et le décline : *Lucindus, Lucinda, Lucindum.* — 3. Terme plaisant : la jolie personne. — 4. Le mot a un sens très général : voir *les Caractères.* — 5. *Parmission* (éd. 1667). — 6. Voir *le Patois,* p. 89. — 7. *Embrasser* signifie alors, selon l'étymologie, « serrer dans ses bras » ; mais aussi « témoigner de l'amitié » (Furetière). Et l'on peut être assuré que Sganarelle témoigne de l'amitié à la nourrice en l'embrassant à la manière d'aujourd'hui, en lui donnant des baisers. — 8. Modérez vos démonstrations d'amitié. — 9. Unis l'un à l'autre. — 10. La sagesse de la nourrice séduit-elle Sganarelle ? Cette qualité se trouve évoquée lestement, entre d'autres autres, beaucoup plus importantes pour le coquin de fagotier : *si belle* et *si bien faite.* — 11. Tête *(testi)* Dieu *(gué)* : voir p. 32, n. 5. — 12. *Compliment* (1667). — 13. « Union et jonction de plusieurs choses qu'on assemble. Il se dit principalement en matière de charpente et de menuiserie » (Furetière). — 14. Cérémonie. « Se dit aussi des déférences qu'on se fait les uns aux autres par civilité et honnêteté » (Furetière).

et *(il continue le même jeu)* si je vous embrasse pour vous témoigner ma joie, je l'embrasse de même pour lui en témoigner aussi. [590]
LUCAS, *en le tirant derechef* [1]. — Ah! vartigué [2], Monsieur le Médecin,
que de lantiponages [3]!

---

1. « Une seconde fois » (Furetière). — 2. Vertu *(varti)* Dieu *(gué)* : voir p. 32, n. 5.
— 3. Voir p. 46, n. 11 et *le Patois*, p. 89.

━━━━━━━━━━━━━━━━━━━━━━━━━━━━━━━━━━━━━━━━━━━━━━━━━━━━

● **Les caractères** — La page précédente nous a montré que SGANARELLE est
sensible à l'attrait de l'argent : il parlait du *meilleur de* son *âme* en
souhaitant que Géronte et toute sa famille fussent malades; il faut donc
croire que le meilleur de son âme est la cupidité. Un nouveau trait de
caractère apparaît quand il cesse soudain de s'intéresser à la malade :
il aperçoit, en effet, la *grande femme* (l. 561), la *charmante nourrice, le
joli meuble* (l. 563); la cupidité cède à la sensualité : deux traits qui caractérisent aussi Harpagon et Tartuffe.

① Montrez de quelle manière ces deux traits de caractère nous appa-
raissent dans les trois personnages dont Molière a joué le rôle et deman-
dez-vous pourquoi il a voulu cette ressemblance entre des caractères si
différents.

— Facétieux, beau parleur comme Mascarille, Sganarelle conserve
cependant assez de sang-froid pour imaginer un compliment burlesque
(l. 564-565), calqué sur celui que pourrait faire un roi à une princesse :
« Ma Majesté est la très humble esclave de votre Seigneurie. »

— Son compliment achevé, Sganarelle s'anime : il offre ses *remèdes*
(soins immédiats que l'on doit à tout malade), sa *science* (tout ce qu'il
sait), *toute* sa *capacité* enfin (son savoir-faire en toutes sortes de domaines,
y compris celui de la galanterie).

— En contrepoint, afin de bien mettre en valeur la sensualité de Sganarelle, Molière nous montre la jalousie grandissante de Lucas : d'abord
sous forme de suspicion polie (l. 569); puis sous forme d'avertissement
(l. 576); enfin sous forme d'interdiction (l. 586 et 591).

● **Le « jeu de théâtre »** souligne le caractère burlesque de la scène :
c'est un véritable ballet que joue Sganarelle. Il ouvre les bras à Lucas
qui, par réflexe, ouvre les siens; mais, passant sous les bras de Lucas,
Sganarelle referme les siens sur la belle nourrice. Il y a là ce que Bergson
nomme (ouvrage cité, p. 77) « une mécanisation de la vie », « un mécanisme à répétition » dans les gestes, qui déclenche le rire.

② Rapprochez les mots *meuble* (l. 563) et *assemblage* (l. 585, voir la
note 13), utilisés par Sganarelle à propos de la nourrice; et tirez-en des
conclusions.

━━━━━━━━━━━━━━━━━━━━━━━━━━━━━━━━━━━━━━━━━━━━━━━━━━━━

SCÈNE III. — SGANARELLE, GÉRONTE, LUCAS, JACQUELINE.

GÉRONTE. — Monsieur, voici tout à l'heure [1] ma fille qu'on va vous amener.

SGANARELLE. — Je l'attends, Monsieur, avec toute la médecine [2]. 595

GÉRONTE. — Où est-elle ?

SGANARELLE, *se touchant le front.* — Là dedans...

GÉRONTE. — Fort bien.

SGANARELLE, *en voulant toucher les tetons de la Nourrice.* — Mais comme je m'intéresse à toute votre famille, il faut que j'essaye un 600 peu le lait de votre nourrice, et que je visite [3] son sein.

LUCAS, *le tirant, en lui faisant faire la pirouette.* — Nanin, nanin [4] ; je n'avons que faire de ça.

SGANARELLE. — C'est l'office du médecin de voir les tetons des nourrices. 605

LUCAS. — Il gnia office qui quienne [5], je sis votte sarviteur [6].

SGANARELLE. — As-tu bien la hardiesse de t'opposer au médecin ? Hors de là [7] !

LUCAS. — Je me moque de ça [8].

SGANARELLE, *en le regardant de travers.* — Je te donnerai la fièvre. 610

JACQUELINE, *prenant Lucas par le bras et lui faisant aussi faire la pirouette.* — Ote-toi de là aussi. Est-ce que je ne sis pas assez grande pour me défendre moi-même, s'il me fait quelque chose qui ne soit pas à faire ?

LUCAS. — Je ne veux pas qu'il te tâte, moi. 615

SGANARELLE. — Fi, le vilain [9], qui est jaloux de sa femme !

GÉRONTE. — Voici ma fille.

SCÈNE IV. — LUCINDE, VALÈRE, GÉRONTE, LUCAS, SGANARELLE, JACQUELINE.

SGANARELLE. — Est-ce là la malade ?

GÉRONTE. — Oui, je n'ai qu'elle de fille ; et j'aurais tous les regrets du monde si elle venait à mourir. 620

SGANARELLE. — Qu'elle s'en garde bien ! il ne faut pas qu'elle meure sans l'ordonnance du médecin [10].

GÉRONTE. — Allons, un siège.

SGANARELLE, *assis entre Géronte et Lucinde.* — Voilà une malade qui

---

1. *Voici* (vois ici) et *tout à l'heure* (dans un instant) formeraient pléonasme aujourd'hui. — 2. Métonymie pour : toutes les connaissances médicales. — 3. Au sens médical : que j'examine. — 4. Nenni, nenni (non, non) : voir *le Patois*, p. 89. — 5. Il n'y a office qui tienne ; je me moque de cet office. — 6. Formule de congé ou, ici, de refus ; je vous le défends. — 7. Ôte-toi de là. — 8. De vos menaces. — 9. « Un vilain, dans le style bas, est un homme d'une avarice sordide » (*Dict.* de Furetière, 1690). Lucas se montre avare en voulant garder pour lui seul la beauté de sa femme. — 10. Voir *la Satire de la médecine.*

n'est pas tant dégoûtante [1], et je tiens qu'un homme bien sain [2] [625]
s'en accommoderait assez.

ÉRONTE. — Vous l'avez fait rire, Monsieur.

GANARELLE. — Tant mieux. Lorsque le médecin fait rire le malade,
c'est le meilleur signe du monde. *(A Lucinde.)* En bien! de quoi
est-il question? qu'avez-vous? quel est le mal que vous sentez [3] ? [630]

UCINDE *répond par signes, en portant sa main à sa bouche, à sa tête et sous
son menton.* — Han, hi, hon [4], han.

---

1. Dégoûtant : « qui donne du dégoût, de l'aversion » (Furetière). — 2. « Qui a le corps
ien disposé et faisant bien ses fonctions » (Furetière). — 3. Tout occupé de la nourrice,
ganarelle a-t-il oublié que Lucinde est muette? a-t-il deviné qu'elle feint de l'être et
herche-t-il à la faire parler par surprise? Selon Bergson (p. 8), le personnage comique par
xcellence est le distrait, l'homme « qui soit toujours à ce qu'il vient de faire, jamais à ce
u'il fait ». Ainsi Lucas battait Géronte par distraction; voir *la Farce*, p. 53. — 4. *Hom*(1667).

---

- **Satire des femmes** — Nous savions que Jacqueline professe une philosophie docile aux invites de la nature : l. 467.
Nous observons maintenant que sa philosophie n'est pas seulement
formelle, elle la met en pratique : Sganarelle est *un homme bien sain*
(l. 625), de bonne humeur, et qui plus est, médecin. Pourquoi ne pren-
drait-elle pas plaisir aux compliments qu'elle en reçoit? *Ôte-toi de là*,
dit-elle à son rustre de mari qui voudrait la préserver des embrassades.
Molière semble avoir, sur la vertu des femmes, une opinion semblable
à celle des auteurs de fabliaux, à celle d'Ovide aussi. En 1656 (donc
avant d'épouser Armande Béjart), dans *le Dépit amoureux* (v. 1245 et
suiv.), il avait fait dire à Gros-René :
> ... la femme est, comme on dit, mon maître,
> Un certain animal difficile à connaître,
> Et de qui la nature est fort encline au mal.

- **Le comique rabelaisien** — C'est évidemment *l'office du médecin* (l. 604)
de « visiter » les nourrices et de s'assurer qu'elles sont aptes à élever leur
nourrisson. Mais, Bergson le fait observer (p. 88), « dès que notre attention se concentre sur la matérialité d'une métaphore, l'idée exprimée
devient comique ».
① « Le classicisme tout entier tend vers la litote », selon André Gide.
Ainsi, Chimène ne dit pas à Rodrigue : « Je t'aime », mais : « Va, je
ne te hais point. » Mais, est-ce par délicatesse, par pudeur, que Sganarelle ne dit pas (l. 624) : « Voilà une malade bien appétissante »?

- **Satire de la médecine** — On rapprochera les attaques contenues dans
cette scène de celles qui figurent dans *le Médecin volant* (1659, sc. 2)
et *l'Amour médecin* (1665, II, 3) :
« SGANARELLE. — [...] je vous réponds que je ferai aussi bien mourir une
personne qu'aucun médecin qui soit dans la ville. On dit un proverbe
d'ordinaire : *Après la mort, le médecin* [le médecin arrive toujours
après que le malade est mort]; mais vous verrez que, si je m'en mêle,
on dira : *Après le médecin, gare la mort* [le médecin tue ses malades]. »
« MONSIEUR DES FONANDRÈS. — [...] Il faut toujours garder les forma-
lités, quoi qu'il puisse arriver [...].
MONSIEUR TOMÈS. — Un homme mort n'est qu'un homme mort, et ne
fait point de conséquence; mais une formalité négligée porte un notable
préjudice à tout le corps des médecins. »

SGANARELLE. — Eh! que dites-vous?

LUCINDE, *continue les mêmes gestes* [1]. — Han, hi, hon, han, han, hi, hon.

SGANARELLE. — Quoi? 635

LUCINDE. — Han, hi, hon.

SGANARELLE, *la contrefaisant.* — Han, hi, hon, han, ha. Je ne vous entends [2] point. Quel diable de langage est-ce là?

GÉRONTE. — Monsieur, c'est là sa maladie. Elle est devenue muette, sans que jusques ici on en [3] ait pu savoir la cause; et c'est un accident 640 qui a fait reculer son mariage.

SGANARELLE. — Et pourquoi?

GÉRONTE. — Celui qu'elle doit épouser veut attendre sa guérison pour conclure les choses.

SGANARELLE. — Et qui est ce sot-là qui ne veut pas que sa femme 645 soit muette? Plût à Dieu que la mienne eût cette maladie! je me garderais bien de la vouloir guérir [4].

GÉRONTE. — Enfin, Monsieur, nous vous prions d'employer tous vos soins pour la soulager de son mal.

SGANARELLE. — Ah! ne vous mettez pas en peine. Dites-moi un peu, ce 650 mal l'oppresse-t-il [5] beaucoup?

GÉRONTE. — Oui, Monsieur.

SGANARELLE. — Tant mieux. Sent-elle de grandes douleurs?

GÉRONTE. — Fort grandes.

SGANARELLE. — C'est fort bien fait. Va-t-elle où vous savez [6]? 655

GÉRONTE. — Oui.

SGANARELLE. — Copieusement [7]?

GÉRONTE. — Je n'entends rien à cela.

SGANARELLE. — La matière est-elle louable [8]?

GÉRONTE. — Je ne me connais pas à ces choses. 660

SGANARELLE, *se tournant vers la malade.* — Donnez-moi votre bras. *(A Géronte.)* Voilà un pouls qui marque que votre fille est muette.

GÉRONTE. — Eh oui, Monsieur, c'est là son mal; vous l'avez trouvé tout [9] du premier coup.

SGANARELLE. — Ah, ah! 665

JACQUELINE. — Voyez comme il a deviné sa maladie!

SGANARELLE. — Nous autres grands médecins, nous connaissons d'abord [10] les choses. Un ignorant aurait été embarrassé, et vous eût été dire : « C'est ceci, c'est cela »; mais moi, je touche au but du premier coup, et je vous apprends que votre fille est muette. 670

GÉRONTE. — Oui; mais je voudrais bien que vous me pussiez dire [11] d'où cela vient.

---

1. Elle porte (voir la l. 631) « sa main à sa bouche, à sa tête et sous son menton ». Variante (1667) : *menus gestes.* — 2. Sens classique : comprends. — 3. Accord par syllepse : le pronom *en* évoque l'idée exprimée par l'adjectif *muette.* — 4. Voir p. 32, n. 10. — 5. Oppresser « ne se dit guère ou presque qu'en médecine : charger, presser » (*Dict.* de Furetière, 1690). — 6. Expression pudique : nous sommes au théâtre, donc dans une sorte de salon; d'autre part, un médecin de cette époque évitait le mot propre et utilisait des formes allusives, la bienséance l'exigeait. — 7. Molière se souvient du conseil d'hygiène que le médecin Rabelais donnait comme fondamental. — 8. Comme il faut. Formule habituelle au XVIIᵉ s. — 9. Tout à fait, exactement. — 10. Immédiatement. — 11. Voir p. 32, n. 10.

GANARELLE. — Il n'est rien de plus aisé : cela vient de ce qu'elle a perdu la parole.

GÉRONTE. — Fort bien; mais la cause, s'il vous plaît, qui fait qu'elle <sup>675</sup> a perdu la parole ?

GANARELLE. — Tous nos meilleurs auteurs vous diront que c'est l'empêchement de l'action de sa langue.

---

● **Satire des femmes** — *Qui est ce sot-là qui ne veut pas que sa femme soit muette?* (l. 645). Tous les auteurs de fabliaux raillent l'incontinence de langage chez les femmes. Dans son *Tiers Livre* (voir plus haut, p. 20), Rabelais a conté l'histoire d'une femme qui, après avoir fait souffrir son mari par son mutisme, fut guérie et « parla tant et tant que son mary retourna au Medicin pour remède de la faire taire ». De cette anecdote, Anatole France a tiré une petite pièce : *la Comédie de celui qui épousa une femme muette* (1912).

● **Satire de la médecine** — Elle porte :

— Sur l'insuffisance de l'examen clinique. *Donnez-moi votre bras. Voilà un pouls qui marque que votre fille est muette* (l. 661). Quelle est la cause de son mutisme? *l'empêchement de l'action de sa langue* (l. 678). « Pourquoi l'opium fait-il dormir? » lira-t-on dans *le Malade imaginaire*. — « Parce qu'il a une vertu dormitive. » Dans *les Médecins au temps de Molière* (1862), Maurice Reynaud cite quelques explications du même genre et d'usage courant au XVII<sup>e</sup> siècle : « L'estomac digère parce qu'il est doué de la faculté concoctrice, et le séné purge parce qu'il a la vertu cholagogue. » On lit ceci dans *l'Anatomie française* de Claude Pellé (1630):« Le pouls vient de la faculté pulsifique, la pulsifique de la faculté vitale, et la faculté vitale de la puissance de l'âme. »

① Pourquoi de telles explications ne nous satisfont-elles plus?

② Estimez-vous, avec le philosophe Janet (*Revue bleue*, 26 octobre 1872, p. 387), que « par sa vive satire de la philosophie pédante [...] Molière mérite une place dans l'histoire de la philosophie »?

— Sur la vanité des médecins qui agissent comme des charlatans : l. 667, 669, 670.

— Sur la naïveté des clients qui sont prêts à croire au miracle. *Voyez comme il a deviné sa maladie!* dit Jacqueline (l. 666); or, elle était présente quand Géronte renseignait Sganarelle.

● **Le comique**

③ Relevez la régularité mécanique des questions posées par Sganarelle et des réponses de Géronte. Tirez-en des conclusions.

④ Les cris de Lucinde (l. 632, 34, 36) n'imitent-ils pas le cri d'un animal? lequel?

GÉRONTE. — Mais encore, vos sentiments [1] sur cet empêchement de l'action de sa langue ?                                                           680

SGANARELLE. — Aristote [2] là-dessus dit... de fort belles choses.

GÉRONTE. — Je le crois.

SGANARELLE. — Ah! c'était un grand homme !

GÉRONTE. — Sans doute [3].

SGANARELLE, *levant son bras depuis le coude* [4]. — Grand homme tout      685
à fait : un homme qui était plus grand que moi de tout cela. Pour
revenir donc à notre raisonnement, je tiens que cet empêchement
de l'action de sa langue est causé par de certaines humeurs [5],
qu'entre nous autres savants nous appelons humeurs peccantes [6] ;
peccantes, c'est-à-dire... humeurs peccantes ; d'autant que les     690
vapeurs formées par les exhalaisons [7] des influences qui s'élèvent
dans la région des maladies, venant... pour ainsi dire... à... Enten-
dez-vous [8] le latin ?

GÉRONTE. — En aucune façon.

SGANARELLE, *se tenant avec étonnement* [9]. — Vous n'entendez point le     695
latin !

GÉRONTE. — Non.

SGANARELLE, *en faisant diverses plaisantes postures*. — *Cabricias arci
thuram, catalamus* [10], *singulariter, nominativo haec Musa*, La Muse,
*bonus, bona, bonum, Deus sanctus, estne oratio latinas? Etiam*, oui.     700
*Quare*, pourquoi ? *Quia substantivo et adjectivum concordat in
generi, numerum, et casus* [11].

GÉRONTE. — Ah ! que n'ai-je étudié ?

JACQUELINE. — L'habile [12] homme que velà !

LUCAS. — Oui, ça est si biau, que j'y entends goutte [13].             705

SGANARELLE. — Or, ces vapeurs dont je vous parle, venant à passer du
côté gauche, où est le foie, au côté droit, où est le cœur, il se trouve
que le poumon, que nous appelons en latin *armyan* [14], ayant communication avec le cerveau, que nous nommons en grec *nasmus* [15],
par le moyen de la veine cave, que nous appelons en hébreu          710
*cubile* [16], rencontre en son chemin lesdites vapeurs, qui remplissent
les ventricules de l'omoplate ; et parce que lesdites vapeurs... com-
prenez bien ce raisonnement, je vous prie ; et parce que les dites
vapeurs ont certaine malignité [17]... Écoutez bien ceci, je vous
conjure.                                                            715

GÉRONTE. — Oui.

---

1. Ellipse : (quels sont) vos sentiments, quelle est votre opinion. — 2. Voir p. 31, n.
et 7. — 3. Sans aucun doute. — 4. Il lève donc l'avant-bras. — 5. « En termes de médecine
on appelle les quatre humeurs, les quatre substances liquides qui abreuvent tous les corp
des animaux, et qu'on croit être causes des divers tempéraments, qui sont le flegm
ou la pituite, le sang, la bile, la mélancolie [voir p. 42, n. 9]. Il y en a de composées qu
s'épaississent et se corrompent, comme celles qui font le pus, les glaires » (*Dict.* de Fure
tière, 1690). — 6. Humeurs de nature maligne (latin *peccans :* qui pèche). — 7. « Corp
secs et menus atomes que la terre pousse continuellement en l'air ou que les astres att
rent » (Furetière). — 8. Comprenez-vous. — 9. Manifestant son étonnement par so
attitude. — 10. Mots de fantaisie, sauf *arci* qui est latin. — 11. Sur ce galimatias, voir
*la Satire de la médecine*. — 12. Voir p. 31, n. 6. — 13. Rien. — 14. Mot inventé. — 15. Mo
inventé. — 16. Mot latin : un lit. — 17. Au sens médical : elles provoquent des maladies

SGANARELLE. — Ont une certaine malignité, qui est causée... Soyez
attentif, s'il vous plaît.

GÉRONTE. — Je le suis.

SGANARELLE. — Qui est causée par l'âcreté des humeurs engendrées ⁷²⁰
dans la concavité du diaphragme, il arrive que ces vapeurs... *Ossa-
bandus, nequeyrs, nequer, potarium, quipsa milus* ¹. Voilà justement ce qui fait que votre fille est muette.

JACQUELINE. — Ah! que ça est bian dit, notte homme ²!

LUCAS. — Que n'ai-je la langue aussi bian pendue!                    ⁷²⁵

GÉRONTE. — On ne peut pas mieux raisonner, sans doute. Il n'y a qu'une
seule chose qui m'a choqué : c'est l'endroit du foie et du cœur. Il
me semble que vous les placez autrement qu'ils ne sont; que le cœur
est du côté gauche, et le foie du côté droit.

---

1. Mots inventés. Variante (1667) : *nequeys, nequer, potarium*. — 2. Jacqueline dit
*notre* homme en s'adressant à son mari : comme lui (voir l. 463), elle utilise le pluriel
de politesse.

<hr>

● **Satire de la médecine** — Elle porte sur le pédantisme des médecins.
Après trois mots de son invention (*arci* est latin), ornés au petit hasard
de terminaisons latines Sganarelle débite en vrac des extraits du rudiment (voir p. 31, n. 8), un mot latin dont il se rappelle la traduction
(*Musa* : la Muse), la déclinaison de *bonus* (bon) au singulier, puis une
citation estropiée du rudiment de Despautère (Jean Van Pauteren, de
Ninove en Brabant, 1460-1520). Beau fatras qui réjouissait les écoliers
(étudiants), nombreux au parterre du Palais Royal : voir *la Jalousie
du Barbouillé* Bordas l. 222-229

| Texte de Despautère | Texte de Molière |
|---|---|
| — *Deus sanctus, estne oratio bene latina?* | — *Deus sanctus, estne oratio latinas?* |
| — *Etiam.* | — *Etiam.* |
| — *Quare?* | — *Quare?* |
| — *Quia adjectivum et substantivum concordant in genere, numero, casu.* | — *Quia substantivo et adjectivum concordat in generi, numerum, et casus.* |

Pour le dernier texte « latin » cité par Sganarelle (l. 721), Molière s'est
inspiré de celui qu'avait imaginé Rotrou (1609-1650) pour sa comédie,
*la Sœur* : « Ossando, nequei, nequet. »

Voici la traduction du texte de Despautère : « Dieu saint, est-ce du bon
latin? — Oui. — Pourquoi? — Parce que l'adjectif et le substantif
s'accordent en genre, en nombre et en cas. »

● **Le comique** — Comique de gestes : au moment où Sganarelle prononce
le mot *casus* (l. 702), il tombe à la renverse sur fauteuil sur lequel il se
balançait; au moment où Jacqueline dit *l'habile homme* (l. 704), il a
les quatre fers en l'air.

① Cherchez des exemples de comique fondé sur l'ignorance; sur une
fausse logique; sur le contraste.

② Si vous êtes latiniste, cherchez, dans le premier texte débité par
Sganarelle, les solécismes et les absurdités.

SGANARELLE. — Oui, cela était autrefois ainsi; mais nous avons changé [730] tout cela, et nous faisons maintenant la médecine d'une méthode [1] toute nouvelle.

GÉRONTE. — C'est ce que je ne savais pas, et je vous demande pardon de mon ignorance.

SGANARELLE. — Il n'y a point de mal, et vous n'êtes pas obligé d'être [735] aussi habile que nous.

GÉRONTE. — Assurément. Mais, Monsieur, que croyez-vous qu'il faille faire à cette maladie ?

SGANARELLE. — Ce que je crois qu'il faille faire ?

GÉRONTE. — Oui. [740]

SGANARELLE. — Mon avis est qu'on la [2] remette sur son lit, et qu'on lui fasse prendre pour remède quantité de pain trempé dans du vin.

GÉRONTE. — Pourquoi cela, Monsieur ?

SGANARELLE. — Parce qu'il y a dans le vin et le pain, mêlés ensemble, [745] une vertu sympathique [3] qui fait parler. Ne voyez-vous pas bien qu'on ne donne autre chose aux perroquets, et qu'ils apprennent à parler en mangeant de cela ?

GÉRONTE. — Cela est vrai. Ah! le grand homme! Vite, quantité de pain et de vin! [750]

SGANARELLE. — Je reviendrai voir, sur le soir [4], en quel état elle sera. *(A la Nourrice.)* Doucement [5], vous. *(A Géronte.)* Monsieur, voilà une nourrice à laquelle il faut que je fasse [6] quelques petits remèdes.

JACQUELINE. — Qui ? moi ? Je me porte le mieux du monde. [755]

SGANARELLE. — Tant pis, nourrice, tant pis. Cette grande santé est à craindre, et il ne sera pas mauvais [7] de vous faire quelque petite saignée amiable [8], de vous donner quelque petit clystère dulcifiant [9].

GÉRONTE. — Mais, Monsieur, voilà une mode [10] que je ne comprends [760] point. Pourquoi s'aller faire saigner [11] quand on n'a point de maladie ?

SGANARELLE. — Il n'importe, la mode en est salutaire; et comme on boit pour la soif à venir, il faut se faire aussi saigner pour la maladie à venir [12].

JACQUELINE, *en se retirant.* — Ma fi [13]! je me moque de ça, et je ne veux [765] point faire de mon corps une boutique d'apothicaire [14].

SGANARELLE. — Vous êtes rétive aux remèdes; mais nous saurons vous soumettre à la raison. *(Parlant à Géronte.)* Je vous donne le bonjour.

---

1. Selon une méthode : voir *Sganarelle précurseur de Knock.* — 2. Le pronom *la* qui devrait rappeler le mot *maladie* (l. 738) provoque un effet comique. — 3. Vertu résultant du mélange des deux mets. — 4. Dans la soirée. — 5. Un instant; le mot n'a pas le même sens qu'aux l. 52 et 576. — 6. Que j'ordonne. Le verbe *faire* implique un sous-entendu — 7. *Il ne sera mauvais* (1667). — 8. Latin *amicabilis* : doux. L'adjectif redouble le diminutif de gentillesse *petite*. — 9. Adoucissant. *Dulcifier* : « terme de chimie; rendre doux; ôter les sels de quelques corps » (*Dict.* de Furetière, 1690). — 10. Une façon de faire. — 11. Voir p. 32, n. 10. — 12. On saignait alors ceux qui allaient partir en voyage. — 13. Ma foi : voir *le Patois*, p. 88. — 14. Dans les *Serées*, éd. 1608 (I, 10), Guillaume Bouchet avait déjà employé cette expression imagée.

GÉRONTE. — Attendez un peu, s'il vous plaît. ⁷⁷⁰

SGANARELLE. — Que voulez-vous faire ?

GÉRONTE. — Vous donner de l'argent, Monsieur.

SGANARELLE, *tendant sa main derrière, par-dessus sa robe, tandis que Géronte ouvre sa bourse.* — Je n'en prendrai pas, Monsieur.
⁷⁷⁵

GÉRONTE. — Monsieur...

SGANARELLE. — Point du tout.

GÉRONTE. — Un petit moment.

SGANARELLE. — En aucune façon.

GÉRONTE. — De grâce !
⁷⁸⁰

SGANARELLE. — Vous vous moquez.

GÉRONTE. — Voilà qui est fait.

SGANARELLE. — Je n'en ferai rien.

GÉRONTE. — Eh !

SGANARELLE. — Ce n'est pas l'argent qui me fait agir.
⁷⁸⁵

GÉRONTE. — Je le crois.

SGANARELLE, *après avoir pris l'argent.* — Cela est-il de poids ¹ ?

GÉRONTE. — Oui, Monsieur.

SGANARELLE. — Je ne suis pas un médecin mercenaire ².

GÉRONTE. — Je le sais bien.
⁷⁹⁰

SGANARELLE. — L'intérêt ne me gouverne point.

GÉRONTE. — Je n'ai pas cette pensée.

---

1. Certaines pièces, usées ou rognées, ne pesaient pas le poids légal; on s'en assurait à l'aide d'un trébuchet. — 2. « Intéressé, facile à corrompre, qui fait tout pour de l'argent » (Furetière).

- **Sganarelle précurseur de Knock** — *Cette grande santé est à craindre*, dit Sganarelle (l. 756). Dans *Knock ou le Triomphe de la médecine* (1923), Jules Romains fait dire à son médecin (acte I) : « Les gens bien portants sont des malades qui s'ignorent. »
  Selon la *Gazette* du 17 décembre 1650, dans le corps d'un criminel autopsié après l'exécution, on avait trouvé le foie à gauche, la rate à droite, le cœur incliné vers le côté droit. On comprend que la médecine doive utiliser *une méthode toute nouvelle* (l. 731).

- **Le comique** — L'attitude de Sganarelle, refusant en paroles l'argent que sa main réclame, rappelle celle que Rabelais prête au médecin Rondibilis (*Tiers livre*, 34) : « Hé, hé, hé! Monsieur, il ne fallait rien. » Mais, selon un procédé déjà étudié (p. 55), Molière a tiré, de cette attitude, un ballet comique (l. 770-791), fondé sur le principe de deux obstinations parallèles. Ce ballet fait sourire; puis une réplique déclenche le rire : *Cela est-il de poids?* demande Sganarelle avec cynisme (l. 786) après avoir pris l'argent. L'avidité conjuguée au refus vertueux forme une antithèse cocasse.
  ① Quelles sont les autres sources de comique (l. 733 et 747)?
  ② Commentez cette formule de Madeleine Israël (*Jules Romains, sa vie, son œuvre*, 1931) : le rire est une « arme de paix destinée à fondre en une même famille ceux qui séparaient les bras de leur fauteuil de théâtre et les conventions sociales ».
  ③ Pourquoi les catholiques ont-ils pu voir, dans cette phrase (l. 745) prononcée par Sganarelle, une preuve d'impiété?

## Scène V. — SGANARELLE, LÉANDRE[1].

SGANARELLE, *regardant son argent*. — Ma foi! cela ne va pas mal; et pourvu que...

LÉANDRE. — Monsieur, il y a longtemps que je vous attends, et je viens implorer votre assistance. 795

SGANARELLE, *lui prenant le poignet*. — Voilà un pouls qui est fort mauvais.

LÉANDRE. — Je ne suis point malade, Monsieur, et ce n'est pas pour cela que je viens à vous.

SGANARELLE. — Si vous n'êtes pas malade, que diable ne le dites-vous 800 donc?

LÉANDRE. — Non. Pour vous dire la chose en deux mots, je m'appelle Léandre, qui suis amoureux de Lucinde, que vous venez de visi- ter[2]; et comme, par la mauvaise humeur de son père, toute sorte d'accès[3] m'est fermé auprès d'elle, je me hasarde à vous prier de 805 vouloir servir mon amour, et de me donner lieu d'exécuter un strata- gème que j'ai trouvé, pour lui pouvoir dire[4] deux mots d'où dépendent absolument mon bonheur et ma vie.

SGANARELLE, *paraissant en colère*. — Pour qui me prenez-vous? Comment! oser[5] vous adresser à moi pour vous servir dans votre 810 amour, et vouloir ravaler la dignité de médecin à des emplois de cette nature[6]?

LÉANDRE. — Monsieur, ne faites point de bruit.

SGANARELLE, *en le faisant reculer*. — J'en veux faire, moi. Vous êtes un impertinent[7]. 815

LÉANDRE. — Eh! Monsieur, doucement[8].

SGANARELLE. — Un malavisé.

LÉANDRE. — De grâce[9]!

SGANARELLE. — Je vous apprendrai que je ne suis point homme à cela, et que c'est une insolence extrême... 820

LÉANDRE, *tirant une bourse qu'il lui donne*. — Monsieur...

SGANARELLE, *tenant la bourse*. — De vouloir m'employer... Je ne parle pas pour vous, car vous êtes honnête homme[10], et je serais ravi de vous rendre service; mais il y a de certains impertinents au monde qui viennent prendre les gens pour ce qu'ils ne sont pas, et je vous 825 avoue que cela me met en colère.

---

1. Sommes-nous toujours (voir p. 29 et 51, n. 1) dans la maison de Géronte? On s'étonne que Léandre y paraisse puisque *la mauvaise humeur* de Géronte (l. 804) lui en interdit l'accès: voir *le Décor*, p. 67. — 2. Au sens médical: d'examiner. — 3. Toute possi- bilité de la fréquenter. — 4. Voir p. 32, n. 10. — 5. Variante (1667): *Comment oser.* — 6. L'emploi d'entremetteur, si bien rempli par Frosine dans *l'Avare*. — 7. Voir p. 34, n. 9. — 8. Même sens qu'aux l. 52 et 576. — 9. Léandre utilise la même formule élégante que Géronte (l. 779), Valère (l. 193, 301, 325, 339) et même Sganarelle (l. 377). Voir p. 48, n. 4. — 10. Sens classique: gentilhomme. Un gentilhomme ne ménage pas son argent avec les... domestiques. La réflexion de Sganarelle révèle qu'il n'est pas gentilhomme, lui.

LÉANDRE. — Je vous demande pardon, Monsieur, de la liberté que...

SGANARELLE. — Vous vous moquez. De quoi est-il question ?

LÉANDRE. — Vous saurez [1] donc, Monsieur, que cette maladie que <sup>830</sup> vous voulez guérir est une feinte maladie. Les médecins ont rai-

---

1. *Savez* (1682) est une faute.

---

● **Le décor** — En 1666, on ne pouvait changer de décor en quelques instants, comme sur nos scènes tournantes. Quand on voulait suggérer aux spectateurs que le lieu de la scène avait changé, on présentait un rideau peint, une sorte de toile de fond symbolique. Léandre n'étant pas admis chez Géronte (l. 804), il est probable que la rencontre de Léandre et de Sganarelle a lieu dans le jardin où se déroulera effectivement le troisième acte : voir p. 71, n. 1.

● **Le mécanisme comique** — Nous retrouvons ici un ballet comique.

— Première figure. Devant Léandre qui réclame son aide, Sganarelle a un réflexe quasi mécanique : il lui prend le pouls (l. 796). Ainsi nous apparaît-il, non comme un homme qui pense son action, mais comme un polichinelle dont on a tiré les ficelles pour le faire fonctionner : voir la formule de Bergson *(le Comique,* p. 35).

— Deuxième figure. A la l. 809, Sganarelle joue la colère et avance vers Léandre qui recule en cherchant à l'apaiser (figure propre au Matamore de la Comédie Italienne).

— Troisième figure. A la l. 821, Léandre tire une bourse qu'il donne à Sganarelle et celui-ci, immédiatement appâté (réflexe quasi mécanique encore, la phrase commencée par Sganarelle est suspendue brusquement), se fait doux comme un mouton (figure propre au valet de comédie, traditionnellement mû par la peur ou la cupidité).

● **Satire de la médecine**

Molière ne nous suggère-t-il pas (l. 809-12) que *la dignité de médecin* n'est pas très grande et que les *emplois* exercés par un médecin sont d'une *nature* peu honorable? Ni par les examens auxquels ils procèdent (voir p. 59), ni par leur comportement moral (voir *l'Amour médecin* et *le Malade imaginaire*), les médecins de Molière ne paraissent susceptibles d'afficher une dignité réservée alors au gentilhomme.

① ARGAN. — *C'est un bon impertinent que Molière avec ses comédies, et je le trouve bien plaisant d'aller jouer d'honnêtes gens comme les médecins.*

BÉRALDE. — *Ce ne sont point les médecins qu'il joue, mais le ridicule de la médecine.*

Que pensez-vous de ces deux répliques qui figureront dans *le Malade imaginaire* (III, 3, Bordas, l. 1689 et suiv.)?

sonné là-dessus comme il faut [1]; et ils n'ont pas manqué de dire que cela procédait qui du cerveau, qui des entrailles, qui de la rate, qui du foie [2]; mais il est certain que l'amour en est la véritable cause, et que Lucinde n'a trouvé [3] cette maladie que pour se délivrer d'un mariage dont elle était importunée. Mais, de crainte qu'on ne nous voie ensemble, retirons-nous d'ici [4], et je vous dirai en marchant ce que je souhaite de vous.

SGANARELLE. — Allons, Monsieur, vous m'avez donné pour votre amour [5] une tendresse qui n'est pas concevable; et j'y perdrai [840] toute ma médecine, ou la malade crèvera, ou bien elle sera à vous [6].

---

1. Selon la coutume, c'est-à-dire avec leur incompétence habituelle. — 2. Molière se moque de l'incertitude des diagnostics médicaux (voir p. 61). Il développera cette satire dans *le Malade imaginaire* (III, 10). — 3. Sens fort : inventé. — 4. La chambre dans la maison de Géronte ou le jardin de la maison : voir p. 51, n. 1, et *le Décor*, p. 67. — 5. Pour l'amour dont souffre Léandre ou pour l'amour de sa bourse ? On se demande, en cette fin d'acte, si Sganarelle va servir Léandre par cupidité (voir *le Mécanisme comique*, p. 67) ou si, comme la plupart des gens du peuple présentés par Molière, il ne se sent pas ému par l'amour des deux jeunes gens. — 6. A Sganarelle comme à Jacqueline (l. 467-468), Molière prête sa philosophie « naturaliste ».

Joël Demarty, Maurice Risch et Michel Baumann ▶
dans une mise en scène de Jean-Louis Thamin.
Théâtre de l'Atelier, 1974

*Le Médecin malgré lui,* par la Comédie des Remparts,
Antibes, avec Gilles Danjaume, dans le rôle de SGANARELLE. ▶

Ph. © Agence Bernand - Photeb.

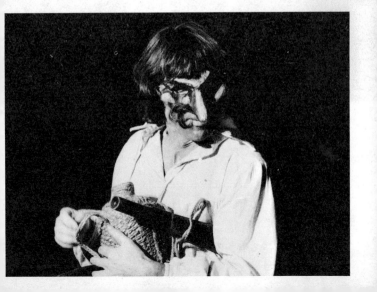

Ph. © Agence Bernand - Phot

Jean Richard et Anne-Marie Mailfer
dans une mise en scène de Jean Meyer.

Théâtre du Palais-Royal, 1961

# ACTE III

### Scène première [1]. — SGANARELLE, LÉANDRE.

LÉANDRE. — Il me semble que je ne suis pas mal ainsi pour un apo- thicaire; et comme le père ne m'a guère vu, ce changement d'habit et de perruque [2] est assez capable, je crois, de me déguiser à ses yeux. 845

SGANARELLE. — Sans doute [3].

LÉANDRE. — Tout ce que je souhaiterais serait de savoir cinq ou six grands mots [4] de médecine, pour parer mon discours et me donner l'air d'habile [5] homme.

SGANARELLE. — Allez, allez, tout cela n'est pas nécessaire : il suffit de 850 l'habit, et je n'en sais pas plus que vous [6].

LÉANDRE. — Comment ?

SGANARELLE. — Diable emporte [7] si j'entends rien [8] en médecine! Vous êtes honnête homme [9], et je veux bien me confier à vous, comme vous vous confiez à moi. 855

LÉANDRE. — Quoi! vous n'êtes pas effectivement...

SGANARELLE. — Non, vous dis-je; ils m'ont fait médecin malgré mes dents [10]. Je ne m'étais jamais mêlé d'être [11] si savant que cela; et toutes mes études n'ont été que jusqu'en sixième [12]. Je ne sais point sur quoi cette imagination leur est venue; mais quand j'ai vu qu'à 860 toute force ils voulaient que je fusse médecin, je me suis résolu de l'être, aux dépens de qui il appartiendra [13]. Cependant, vous ne sauriez croire comment l'erreur s'est répandue, et de quelle façon chacun est endiablé [14] à me croire habile homme. On me vient chercher [15] de tous côtés; et si les choses vont toujours de même, je 865 suis d'avis de m'en tenir, toute ma vie, à la médecine. Je trouve que c'est le métier le meilleur de tous; car, soit qu'on fasse bien ou

---

1. Nous sommes (pour les sc. 1 et 2) dans le jardin, selon la gravure de l'édition originale. — 2. Léandre s'est déguisé en apothicaire. — 3. Sans aucun doute. — 4. Mots techniques semblables à ceux dont Sganarelle a fait parade aux l. 689-732. Comme tout « honnête homme », comme le Clitandre des *Femmes savantes* (v. 218), Léandre a « des clartés de tout », mais « ne se pique de rien ». Au contraire des honnêtes gens, les méde- cins dénoncés par Molière se caractérisent par leur pédantisme : ils se piquent de savoir ce que le commun des mortels ignore et ils se parent de leur science, au lieu de s'en cacher. « Toute l'excellence de leur art, dira Béralde dans *le Malade imaginaire* (III, 3), consiste en un pompeux galimatias, en un spécieux babil. » — 5. Savant : voir p. 31, n. 6. — 6. C'est l'habit qui fait le moine, pour le public crédule. Pascal l'a démontré dans une pensée consacrée à l'imagination « maîtresse d'erreur ». — 7. Que le diable m'emporte; voir p. 48, n. 13. — 8. Quoi que ce soit. *Rien* est aujourd'hui réservé aux propositions négatives. — 9. Au sens mondain : Léandre s'est conduit en gentilhomme lorsqu'il a payé d'avance (l. 821) le service demandé à Sganarelle; au sens moral aussi, car on peut se fier à un gentil- homme. — 10. Malgré moi. « On dit malgré lui, malgré ses dents, pour dire quelque empêchement qu'il y puisse mettre ou apporter » (Furetière). Chrysale avait dit, de sa terrible femme (*les Femmes savantes*, v. 1567) : « pour la mieux braver, voilà, malgré ses dents... » — 11. Je n'avais jamais prétendu devenir. — 12. Dans les collèges d'alors, les classes étaient numérotées comme dans nos établissements secondaires. — 13. Terme juri- dique : de qui le voudra. — 14. Nous dirions : enragé. — 15. Voir p. 32, n. 10.

soit qu'on fasse mal, on est toujours payé de même sorte. La méchante besogne [1] ne tombe jamais sur notre dos et nous taillons, comme il nous plaît, sur l'étoffe où nous travaillons. Un cordon- [870] nier, en faisant des souliers, ne saurait gâter [2] un morceau de cuir qu'il n'en paye les pots cassés [3]; mais ici l'on peut gâter un homme sans qu'il en coûte rien. Les bévues ne sont point pour nous; et c'est toujours la faute de celui qui meurt. Enfin, le bon de cette profession est qu'il y a parmi les morts une honnêteté [4], une dis- [875] crétion la plus grande du monde; jamais on n'en voit se plaindre du médecin qui l'a tué.

LÉANDRE. — Il est vrai que les morts sont fort honnêtes gens [5] sur cette matière.

SGANARELLE, *voyant des hommes qui viennent à lui.* — Voilà des gens [880] qui ont la mine de me venir consulter. *(A Léandre.)* Allez toujours m'attendre auprès du logis de votre maîtresse.

## SCÈNE II. — THIBAUT, PERRIN, SGANARELLE.

THIBAUT. — Monsieu, je venons vous charcher [6], mon fils Perrin et moi.

SGANARELLE. — Qu'y a-t-il ?                                            [885]

THIBAUT. — Sa pauvre mère, qui a nom Parette [7], est dans un lit, malade, il y a [8] six mois.

SGANARELLE, *tendant la main, comme pour recevoir de l'argent.* — Que voulez-vous que j'y fasse ?

THIBAUT. — Je voudrais [9], Monsieu, que vous nous baillissiez [10] [890] quelque petite drôlerie [11] pour la garir.

SGANARELLE. — Il faut voir de quoi est-ce qu'elle est malade.

THIBAUT. — Alle est malade d'hypocrisie [12], Monsieu.

SGANARELLE. — D'hypocrisie ?

THIBAUT. — Oui, c'est-à-dire qu'elle est enflée par tout; et l'an dit [895] que c'est quantité de sériosités [13] qu'alle a dans le corps, et que son foie, son ventre, ou sa rate, comme vous voudrais l'appeler, au glieu de faire du sang, ne fait plus que de l'iau. Alle a, de deux jours l'un, la fièvre quotiguenne, avec des lassitudes et des douleurs dans les mufles des jambes. On entend dans sa gorge des [900] fleumes [14] qui sont tout prêts à l'étouffer : parfois il lui prend des

---

1. Désagréable besogne : « Travail, occupation à quoi que ce soit qui est utile » (*Dict.* de Furetière, 1690). — 2. Gâcher par un mauvais travail. — 3. Expression proverbiale : sans qu'il en supporte les conséquences. — 4. Sens moral. — 5. Sens mondain : les morts sont discrets. — 6. Voir *le Patois*, p. 89. — 7. Perrette (déformation paysanne de *Pierrette*). La Fontaine nommera ainsi (1678) sa laitière (*Fables*, VII, 10). — 8. Depuis. — 9. *Je voudrions* (1667). — 10. Voir *le Patois*, p. 88. — 11. « Plaisanterie, tour d'adresse. Les charlatans amusent le peuple avec mille drôleries ou plaisanteries » (Furetière). L'impropriété du terme (Thibaut s'adresse à un médecin, non à un clown) dénonce la stupidité de Thibaut. Molière dénoncera de même façon la stupidité de M. Jourdain (le *Bourgeois gentilhomme*, I, 2) : « Me ferez-vous voir votre *petite drôlerie ?* » demande-t-il à son maître de musique qui lui a préparé un « dialogue de chansons et de danses ». — 12. Voir *le Comique.* — 13. Sérosités : « eau ou humeur mélancolique [voir p. 42, n. 11] mêlée avec le sang ou avec les autres humeurs » (Furetière). — 14. Flegmes : mucosités.

syncoles et des conversions, que je crayons qu'alle est passée [1].
J'avons dans notte village un apothicaire, révérence parler [2], qui
li a donné je ne sai combien d'histoires; et il m'en coûte plus
d'eune douzaine de bons écus en lavements, ne v's en déplaise, [905]
en apostumes [3] qu'on li a fait prendre, en infections de jacinthe,
et en portions cordales. Mais tout ça, comme dit l'autre, n'a été
que de l'onguent miton mitaine [4]. Il velait li bailler [5] d'eune
certaine drogue que l'on appelle du vin amétile [6]; mais j'ai-s eu
peur, franchement, que ça l'envoyît à *patres* [7], et l'an dit que ces [910]
gros médecins tuont je ne sai combien de monde avec cette inven-
tion-là.

---

1. Nous croyons qu'elle est morte : (tré) *passée.* — 2. Parlant avec révérence : Thibaut
s'excuse d'avoir à parler *d'histoires* (purges, lavements). — 3. Confusion entre *apos-
thème* (tumeur), *apozème* (décoction) et *posthume.* — 4. « Terme proverbial, qui se dit
en cette phrase : C'est l'onguent *miton mitaine*, qui ne fait ni bien ni mal, en parlant
d'un remède, d'un secours, d'un expédient qui ne sert ni ne nuit » (Furetière). — 5. Il
voulait lui donner. — 6. Vin émétique : purgatif à base d'antimoine; il était en vogue,
car la Faculté venait de l'autoriser malgré le danger de son emploi. — 7. *Ad patres*, vers
nos pères; que cela la fît mourir.

---

● **Le comique** est dû surtout au langage de Thibaut :

— Il déforme les mots ou, pire, les prend l'un pour l'autre :

| | | | |
|---|---|---|---|
| *Hypocrisie* : | hydropisie. | *Conversions* : | convulsions. |
| *Sériosités* : | sérosités. | *Apostumes* : | apozèmes |
| | | | ou décoctions. |
| *Mufles* : | muscles. | *Portions* : | potions. |
| *Fleumes* : | flegmes. | *Cordales* : | cordiales. |
| *Syncoles* : | syncopes. | *Amétile* : | émétique. |
| *Infections* : | infusions. | *A patres* : | *ad patres.* |

① *De deux jours l'un,* Perrette a *la fièvre quotiguenne* (l. 898) : d'où
vient le comique de cette observation?
② *Je voudrais que vous nous baillissiez* (l. 890) : d'où vient le comique
de cette expression? Il s'agit du verbe bailler (donner).

● **Satire de la médecine** — Elle porte :

— Sur l'enrichissement scandaleux des médecins. *C'est le métier le
meilleur de tous* (l. 867). Que l'on guérisse le patient ou non, *on est toujours payé de même sorte* (l. 868). Quand Molière n'amuse pas son
public, lui, est-il bien payé? Voir la notation de La Bruyère, p. 21.
— Sur l'irresponsabilité des médecins. *On peut gâter un homme sans
qu'il en coûte rien* (l. 872). *C'est toujours la faute de celui qui meurt*
(l. 874). *Jamais on* ne voit un mort *se plaindre du médecin qui l'a tué*
(l. 876). Montaigne avait déjà écrit (*Essais*, II, 37) : « Un médecin
vantait à Nicoclès son art être de grande autorité. — Vraiment
c'est mon, dit Nicoclès, qui peut [c'est vrai qu'il peut] impunément tuer
tant de gens. »
— Sur l'emploi de l'émétique qui causait des accidents mortels. Interdit
par la Faculté de médecine de Paris en 1566, puis en 1615, il avait été inscrit
au Codex en 1638. Une polémique s'ensuivit, ranimée en 1658 quand le
roi malade fut guéri par du vin émétique. Guy Patin attaquait ce remède.
Parmi ses défenseurs, on cite Mauvillain, le médecin de Molière (sus-
pendu pour quatre ans en 1658), il venait d'être nommé doyen de la
Faculté en 1666.

SGANARELLE, *tendant toujours la main et la branlant* [1], *comme pour signe* [2] *qu'il demande de l'argent.* — Venons au fait, mon ami, venons au fait [3].  915

THIBAUT. — Le fait est, Monsieur, que je venons vous prier de nous dire ce qu'il faut que je fassions.

SGANARELLE. — Je ne vous entends [4] point du tout.

PERRIN. — Monsieur, ma mère est malade; et velà deux écus que je vous apportons pour nous bailler [5] queuque remède.  920

SGANARELLE. — Ah! je vous entends, vous. Voilà un garçon qui parle clairement et qui s'explique comme il faut. Vous dites que votre mère est malade d'hydropisie, qu'elle est enflée par tout le corps, qu'elle a la fièvre, avec des douleurs dans les jambes, et qu'il lui prend parfois des syncopes et des convulsions, c'est-à-dire [925] des évanouissements ?

PERRIN. — Eh! oui, Monsieur, c'est justement ça.

SGANARELLE. — J'ai compris d'abord [6] vos paroles. Vous avez un père qui ne sait ce qu'il dit. Maintenant vous me demandez un remède ?

PERRIN. — Oui, Monsieur.  930

SGANARELLE. — Un remède pour la guérir ?

PERRIN. — C'est comme je l'entendons.

SGANARELLE. — Tenez, voilà un morceau de formage [7] qu'il faut que vous lui fassiez prendre.

PERRIN. — Du fromage, Monsieur ?  935

SGANARELLE. — Oui, c'est un formage préparé, où il y entre [8] de l'or, du coral [9] et des perles, et quantité d'autres choses précieuses.

PERRIN. — Monsieur, je vous sommes bien obligés; et j'allons li faire prendre ça tout à l'heure.

SGANARELLE. — Allez. Si elle meurt, ne manquez pas de la faire enter- [940] rer du mieux que vous pourrez.

SCÈNE III [10]. — JACQUELINE, SGANARELLE; LUCAS,
*dans le fond du théâtre.*

SGANARELLE. — Voici la belle nourrice. Ah! nourrice de mon cœur, je suis ravi de cette rencontre, et votre vue est la rhubarbe, la casse et le sené [11] qui purgent toute la mélancolie [12] de mon âme.

---

1. Branler : Se mouvoir deçà et delà » (*Dict.* de Furetière, 1690). — 2. Pour faire signe. — 3. A l'argent, donc; cf. l'expression populaire : « voyez monnaie. » — 4. Comprends. — 5. Donner, délivrer, ou ordonner. — 6. Aussitôt, immédiatement. — 7. Furetière écrit *fromage* mais ajoute : » On disait autrefois *fourmage* et *formage.* » L'orthographe ancienne rappelait l'étymologie (*forma :* forme) que Sganarelle avait dû apprendre chez son « fameux médecin ». — 8. *Où il entre* (1667). — 9. Corail. — 10. « Le théâtre change et représente, comme au second acte, une chambre de la maison de Géronte » (éd. de 1734). — 11. *Casse :* « fruit qui vient aux Indes, fait en forme d'un long bâton noir [une gousse], dont la moelle sert à purger et à rafraîchir [...]. Les médecins de France ne purgent guère qu'avec de la casse » (Furetière); sur le *sené.* voir p. 52, n. 1. — 12. Voir p. 42, n. 11.

JACQUELINE. — Par ma figué [1]! Monsieur le Médecin, ça est trop bian [945] dit pour moi, et je n'entends rien à tout votte latin.

SGANARELLE. — Devenez malade, nourrice, je vous prie; devenez malade, pour l'amour de moi. J'aurais toutes les joies du monde de vous guérir.

JACQUELINE. — Je sis votte sarvante [2]; j'aime bian mieux qu'an ne me [950] guarisse pas.

---

1. Voir *le Patois*, p. 88. — 2. Formule de remerciement correspondant à l'expression masculine : Je suis votre serviteur (voir la l. 541).

----

● **Les caractères** — Dans son second avatar, SGANARELLE s'affirme. Quoique récente, son expérience de médecin lui donne de l'autorité. Il n'attend pas qu'on le paye, il prétend que le client en vienne *au fait* (l. 914), donc aux honoraires, avant même d'avoir formulé sa requête. Cynique, il manifeste sa cupidité sans la moindre honte, avec fierté même : l. 921; et il parle sans la moindre gêne de la mort possible du patient : l. 940. Certes, le grand Ambroise Paré disait : « Je soigne les malades, Dieu les guérit »; mais il n'enterrait pas ses malades avant de s'être dévoué à leur service.

L'attitude cupide de Sganarelle rappelle celle que Montaigne prête aux avocats, selon qu'ils ont reçu ou non des épices (*Essais*, II, chap. XII) : « Vous récitez simplement une cause à l'avocat : il vous répond chancelant et douteux [...] L'avez-vous bien payé [...] il y découvre une toute nouvelle lumière. »

● **Satire de la médecine** — Molière se moque des remèdes utilisés. Il accumule les maux dont souffre la mère de Perrin (l. 893-902, puis 922 et suiv.). Que faut-il pour la guérir? *Un morceau de formage* (l. 933). En fait, ce *formage* est un onguent, fait d'or, de corail et de perles, que l'on utilisait couramment en pharmacie; mais cela nous rassure-t-il?

① Molière ne joue-t-il pas sur l'adjectif *précieuses* ? (l. 937).

● **Le comique** — Sganarelle utilise, avec une virtuosité très littéraire, le vocabulaire pharmaceutique pour en tirer un compliment à l'adresse de la belle nourrice : l. 943-44.

② N'y a-t-il pas là un « mot d'auteur »; et Sganarelle, plutôt qu'un personnage, n'est-il pas Molière lui-même, s'adressant à son public comme un chansonnier d'aujourd'hui?

③ Commentez cette brève réplique de Sganarelle (l. 918) : *Je ne vous entends point du tout.*

④ Commentez cette autre réplique (l. 931) : *Un remède pour la guérir?*

SGANARELLE. — Que je vous plains, belle nourrice, d'avoir un mari jaloux et fâcheux [1] comme celui que vous avez!

JACQUELINE. — Que voulez-vous, Monsieur [2], c'est pour la pénitence de mes fautes; et là où la chèvre est liée, il faut bian qu'alle y broute [3]. 955

SGANARELLE. — Comment! un rustre [4] comme cela! un homme qui vous observe toujours, et ne veut pas que personne vous parle!

JACQUELINE. — Hélas! vous n'avez rien vu encore, et ce n'est qu'un petit échantillon de sa mauvaise humeur. 960

SGANARELLE. — Est-il possible? et qu'un homme ait l'âme assez basse pour maltraiter [5] une personne comme vous? Ah! que j'en sais, belle nourrice, et qui ne sont pas loin d'ici, qui se tiendraient heureux de baiser seulement les petits bouts de vos petons [6]! Pourquoi faut-il qu'une personne si bien faite soit tombée en de [965] telles mains, et qu'un franc animal [7], un brutal, un stupide, un sot [8]... Pardonnez-moi, nourrice, si je parle ainsi de votre mari.

JACQUELINE. — Eh! Monsieur, je sai bian qu'il mérite tous ces noms-là.

SGANARELLE. — Oui, sans doute, nourrice, il les mérite; et il mériterait encore que vous lui missiez quelque chose sur la tête [9], pour le [970] punir des soupçons qu'il a.

JACQUELINE. — Il est bien vrai que si je n'avais devant les yeux que son intérêt, il pourrait m'obliger à queuque étrange [10] chose.

SGANARELLE. — Ma foi! vous ne feriez pas mal de vous venger de lui avec quelqu'un. C'est un homme, je vous le dis, qui mérite bien [975] cela; et si j'étais assez heureux, belle nourrice, pour être choisi pour...

*(En cet endroit, tous deux apercevant Lucas qui était derrière eux et entendait leur dialogue, chacun se retire de son côté, mais le Médecin d'une manière fort plaisante.)* 980

### Scène IV. — GÉRONTE, LUCAS.

GÉRONTE. — Holà! Lucas, n'as-tu point vu ici notre médecin?

LUCAS. — Et oui, de par tous les diantres [11], je l'ai vu, et ma femme aussi.

---

1. « Qui est fantasque, bourru, avec qui on ne peut vivre » (*Dict.* de Furetière, 1690). — 2. Voir *le Patois*, p. 89. — 3. « On dit aussi que là où la chèvre est attachée il faut qu'elle broute, pour dire qu'il faut s'accommoder aux choses avec lesquelles on a de l'engagement » (Furetière). — 4. « Paysan, rustaud; qui est rude, incivil et mal poli, qui sent le paysan » (Furetière). — 5. « Outrager quelqu'un, soit de parler, soit de coups de main, soit par quelque indigne réception » (Furetière). — 6. *Peton :* « pied petit et mignon. Il ne se dit qu'en caressant des enfants ou des femmes et en leur maniant les pieds » (Furetière). — 7. « On appelle, par injure, *animal*, un homme lourdaud, grossier, stupide » (Furetière). — 8. Le mot signifie parfois : mari trompé (voir la l. 970). — 9. Plaisanterie fréquente dans la farce et la comédie. — 10. Pas ordinaire, et ici : qui ne soit pas conforme aux règles morales. — 11. Diables : voir p. 50, n. 1.

GÉRONTE. — Où est-ce donc qu'il peut être ?
LUCAS. — Je ne sai; mais je voudrais qu'il fût à tous les guebles [1]. 985
GÉRONTE. — Va-t'en voir un peu ce que fait ma fille.

---

1. Déformation de *diables :* voir *le Patois*, p. 88 et p. 32, n. 5.

---

● **Sganarelle paillard** — Il se fait tentateur; par quels procédés ?

— Par la flatterie. Toute femme veut être belle et croit l'être; or, Sganarelle s'adresse à Jacqueline en l'appelant *belle nourrice* (l. 952, 963, 976). Il parle d'elle comme d'*une personne bien faite* (l. 965), *une personne comme vous* (l. 962).

— Par une véritable déclaration d'amour : *nourrice de mon cœur* (l. 942); on serait *heureux de baiser seulement les petits bouts de vos petons* (l. 964).

— Par l'évocation du mauvais sort qui la lie à *un rustre* (l. 957). En toute femme, il y a une Mme Bovary qui sommeille, s'il faut en croire un philosophe contemporain, Jules de Gaultier. Fille de fermier, mariée à un simple officier de santé, Emma Bovary se croyait faite pour une grande destinée. Sganarelle suscite le « bovarysme » (terme dû à J. de Gaultier) de Jacqueline en lui disant qu'elle n'a pas le sort qui lui est dû.

① Si Jacqueline aimait vraiment son mari, accepterait-elle qu'on l'accable de ces termes : *jaloux, fâcheux* (l. 953), *franc animal, brutal, stupide, sot* (l. 966)?

② Pourquoi Sganarelle n'a-t-il pas lancé ces injures dès le début de la scène? Ne décelez-vous pas un progrès dans sa tactique? Voyez la différence entre les propos du début et le conditionnel inachevé de la fin.

— On pourrait découvrir en outre, dans les propos de Sganarelle, un désir communicatif. Comment Jacqueline échapperait-elle au désir de se venger (l. 972-977)?

Nous avions observé (voir p. 59) son indépendance. Nous l'avions soupçonnée de n'être pas insensible à l'intérêt que lui porte Sganarelle. Nous savons maintenant qu'elle suit son devoir conjugal sans enthousiasme : le proverbe dont elle se sert pour justifier sa fidélité (l. 955) le montre.

● **Jacqueline** — Pourquoi Molière lui a-t-il prêté un langage rustique? Elle serait plus séduisante, semble-t-il, elle justifierait mieux les compliments de Sganarelle — *une personne comme vous!* — si elle s'exprimait comme tout le monde.

## Scène V. — SGANARELLE, LÉANDRE, GÉRONTE.

GÉRONTE. — Ah! Monsieur, je demandais [1] où vous étiez.

SGANARELLE. — Je m'étais amusé dans votre cour à expulser le superflu de la boisson. Comment se porte la malade ?

GÉRONTE. — Un peu plus mal depuis votre remède. 990

SGANARELLE. — Tant mieux : c'est signe qu'il opère.

GÉRONTE. — Oui ; mais, en opérant, je crains qu'il ne l'étouffe.

SGANARELLE. — Ne vous mettez pas en peine ; j'ai des remèdes qui se moquent de tout, et je l'attends à l'agonie.

GÉRONTE, *montrant Léandre.* — Qui [2] est cet homme-là que vous 995 amenez ?

SGANARELLE, *faisant des signes avec la main que c'est un apothicaire* [3]. — C'est...

GÉRONTE. — Quoi ?

SGANARELLE. — Celui... 1000

GÉRONTE. — Eh ?

SGANARELLE. — Qui...

GÉRONTE. — Je vous entends.

SGANARELLE. — Votre fille en aura besoin.

## Scène VI. — JACQUELINE, LUCINDE, GÉRONTE, LÉANDRE, SGANARELLE.

JACQUELINE. — Monsieu, velà votre fille qui veut un peu marcher. 1005

SGANARELLE. — Cela lui fera du bien. *(A Léandre.)* Allez-vous-en, Monsieur l'Apothicaire, tâter un peu son pouls, afin que je raisonne tantôt avec vous de sa maladie.

*(En cet endroit, il tire Géronte à un bout du théâtre et, lui passant un bras sur les épaules, lui rabat la main sous le menton, avec laquelle il* 1010 *le fait retourner vers lui, lorsqu'il veut regarder ce que sa fille et l'Apothicaire font ensemble, lui tenant cependant le discours suivant pour l'amuser :)*

Monsieur, c'est une grande et subtile question entre les docteurs [4], de savoir si les femmes sont plus faciles à guérir que les hommes. 1015 Je vous prie d'écouter ceci [5], s'il vous plaît. Les uns disent que non, les autres disent que oui ; et moi je dis que oui et non : d'autant que l'incongruité [6] des humeurs [7] opaques qui se rencontrent au tempérament naturel des femmes étant cause que la partie brutale veut toujours prendre empire sur la sensitive [8], on voit que l'inéga- 1020

---

1. Il l'avait demandé à Lucas au début de la scène 4 (l. 981). — 2. Quel. — 3. On imagine aisément ces signes : voir *le Comique.* — 4. Les savants. Variante (1667): *les doctes.* — 5. Le pronom est parfaitement employé, pour annoncer ce qui va suivre. — 6. Le manque de convenance. — 7. Voir p. 62, n. 5. — 8. L'animalité sur les sentiments : « à l'égard de l'homme, on dit en morale qu'il a un appétit *sensitif* opposé ou du moins subordonné à la raison »; « un débauché n'a que des appétits brutaux » (*Dict.* de Furetière, 1690).

lité de leurs opinions dépend du mouvement oblique du cercle de la lune; et comme le soleil, qui darde ses rayons sur la concavité de la terre, trouve...

LUCINDE, *à Léandre.* — Non, je ne suis point du tout capable de changer de sentiment. 1025

GÉRONTE. — Voilà ma fille qui parle! O grande vertu du remède! O admirable médecin! Que je vous suis obligé, Monsieur, de cette guérison merveilleuse! et que puis-je faire pour vous après un tel service ?

---

● **Satire de la médecine**

— Lucinde va *plus mal* (l. 990) depuis que le médecin la soigne. *Tant mieux*, dit Sganarelle, *c'est signe* que le remède *opère*. Le trait est dans Ésope (*le Médecin et le Malade*) et a été repris par Montaigne (*Essais,* II. 37).

① Pourquoi cette réplique est-elle à la fois satirique et comique?

② Commentez cette réplique de Sganarelle (l. 994) : *Je l'attends à l'agonie.* Pensez au mot de l'apothicaire dans *Monsieur de Pourceaugnac* (I, 5) : « On est bien aise au moins d'être mort méthodiquement. »

— Le médecin est présenté comme un pourvoyeur de la mort (l. 994), se souciant peu des réalités, pourvu que les choses se fassent selon les règles. On pense au médecin ainsi évoqué par l'apothicaire dans *Monsieur de Pourceaugnac* (I, 5) : « C'est un homme qui sait la médecine à fond [...] et qui, quand on devrait crever, ne démordrait pas un *iota* des règles des anciens. »

— Réaliste, Molière se moque des discussions médicales trop « subtiles » comme celle (l. 1015) *de savoir si les femmes sont plus faciles à guérir que les hommes.*

● **Le comique**

— Les plaisanteries scatologiques nous gênent (l. 988). Elles étaient courantes dans la farce, au XVIIᵉ siècle, ainsi que dans le « roman comique ». Si raffiné dans son protocole mondain, le siècle de Louis XIV avait son envers : voir Félix Gaiffe, *l'Envers du Grand Siècle.*

— Comique de gestes : les *signes* que Sganarelle fait avec la main (l. 997). C'est le geste des *matassins* qui actionneront leur seringue à lavement en poursuivant Monsieur de Pourceaugnac (I, 11).

— Comique satirique : les explications médicales de Sganarelle sur *l'incongruité des humeurs opaques* (l. 1018). L'absurdité (*concavité de la terre* : l. 1022) s'y associe à l'ambiguïté des termes (*la partie brutale* et *la sensitive*) qu'un public facétieux pouvait interpréter à son gré. Dans *le Dépit amoureux* (1656), Molière avait déjà utilisé ces équivoques :

La partie brutale [*le corps*] alors veut prendre empire
Dessus la sensitive [*l'âme*], et l'on voit que l'un tire
A dio [*à gauche*], l'autre à hurhaut [*à droite*]; l'un demande du mou,
L'autre du dur; enfin tout va sans savoir où.

SGANARELLE, *se promenant sur le théâtre, et s'essuyant le front.* — Voilà 1030
une maladie qui m'a bien donné de la peine [1] !

LUCINDE. — Oui, mon père, j'ai recouvré la parole ; mais je l'ai recou-
vrée pour vous dire que je n'aurai jamais d'autre époux que
Léandre, et que c'est inutilement que vous voulez me donner
Horace. 1035

GÉRONTE. — Mais...

LUCINDE. — Rien n'est capable d'ébranler la résolution que j'ai
prise.

GÉRONTE. — Quoi ?...

LUCINDE. — Vous m'opposerez en vain de belles raisons [2]. 1040

GÉRONTE. — Si...

LUCINDE. — Tous vos discours ne serviront de rien [3].

GÉRONTE. — Je...

LUCINDE. — C'est une chose où [4] je suis déterminée.

GÉRONTE. — Mais... 1045

LUCINDE. — Il n'est puissance paternelle [5] qui me puisse obliger [6] à me
marier malgré moi.

GÉRONTE. — J'ai...

LUCINDE. — Vous avez beau faire tous vos efforts.

GÉRONTE. — Il... 1050

LUCINDE. — Mon cœur ne saurait se soumettre à cette tyrannie [7].

GÉRONTE. — La...

LUCINDE. — Et je me jetterai plutôt dans un couvent [8] que d'épouser
un homme que je n'aime point.

GÉRONTE. — Mais... 1055

LUCINDE, *parlant d'un ton de voix à étourdir.* — Non. En aucune façon.
Point d'affaires. Vous perdez le temps. Je n'en ferai rien. Cela est
résolu.

GÉRONTE. — Ah ! quelle impétuosité de paroles ! Il n'y a pas moyen
d'y résister. *(A Sganarelle.)* Monsieur, je vous prie de la faire 1060
redevenir muette.

SGANARELLE. — C'est une chose qui m'est impossible. Tout ce que je
puis faire pour votre service est de vous rendre sourd, si vous
voulez.

GÉRONTE. — Je vous remercie. *(A Lucinde.)* Penses-tu donc... 1065

LUCINDE. — Non. Toutes vos raisons ne gagneront rien [9] sur mon
âme.

GÉRONTE. — Tu épouseras Horace, dès ce soir [10].

LUCINDE. — J'épouserai plutôt la mort.

---

1. Nous dirions : m'a donné bien de la peine. — 2. Des raisons solidement fondées
sur la logique, le droit, la morale... — 3. A rien. — 4. A laquelle. Le pronom relatif *où*
remplace souvent le relatif composé, et Vaugelas le trouvait plus élégant. — 5. Autorité
conférée au père par la loi : elle était encore très forte au XVIIe siècle. — 6. Voir p. 32,
n. 10. — 7. *Tyrannie-là* (1667). — 8. « On disait autrefois *convent*, comme on le prononce
encore dans les dérivés » (*Dict.* de Furetière, 1690) : *conventuel*, par exemple. — 9. N'auront
aucun effet. — 10. Faut-il voir là un rappel de l'unité de temps ?

SGANARELLE, *à Géronte*. — Mon Dieu! arrêtez-vous, laissez-moi [1070] médicamenter [1] cette affaire. C'est une maladie qui la tient, et je sais le remède qu'il y faut apporter.

_____

1. Voir p. 56, n. 2.

- **La mécanique comique** — Lucinde coupe automatiquement la parole à son père qui, par neuf fois, peut seulement insinuer un monosyllabe : *mais... quoi? ... si... je... mais... j'ai... il... la... mais...*
  Il y a là un procédé traditionnel chez les farceurs et que Molière avait utilisé notamment dans *la Jalousie du Barbouillé* (voir éd. Bordas, l. 32-46). Ce procédé se fonde sur le principe, dégagé par Bergson (voir p. 37), de deux obstinations qui se heurtent et se refusent à composer. L'obstination de Lucinde est marquée par le style : à neuf reprises, elle affirme sa *résolution* (l. 1037), sa « détermination » (l. 1044); le mot *résolu* (l. 1058) est son dernier mot. Le comique d'obstination est renforcé par le *ton de voix à étourdir* que Molière exige (l. 1056) de l'actrice qui joue Lucinde.
  La mécanique comique apparaît aussi dans la contradiction formelle entre le premier désir de Géronte (l. 648 : *nous vous prions d'employer tous vos soins pour le soulager de son mal*) et le désir nouveau (l. 1060 : *je vous prie de la faire redevenir muette*).
  ① Êtes-vous agacé par cette mécanique ou vous abandonnez-vous au plaisir de rire, sans vouloir cette « tranche de vie », ce réalisme que réclamaient les romanciers réalistes de la fin du XIXᵉ siècle?

- **Autres aspects du comique** — Comme la mouche du coche qui se plaint d'avoir eu tant de peine et en réclame le salaire à « Messieurs les chevaux » (*Fables*, VII, 9), Sganarelle se plaint et se vante à la fois (l. 1030) : *Voilà une maladie qui m'a bien donné de la peine*. Mais la mouche est convaincue, elle.
  ② Sganarelle ne l'est pas : quels sentiments apercevez-vous derrière sa réplique?

- **Les thèses** — En s'opposant à la volonté de son père, Lucinde prend place parmi les jeunes filles que Molière a chargées de plaider les droits de l'amour contre la tyrannie paternelle.
  ③ Citez quelques-unes d'entre elles et rappelez la situation exacte dans laquelle se trouve chacune d'elles.

- **L'imitation chez Molière** — La demande de Géronte à Sganarelle (*je vous prie de la faire redevenir muette*, l. 1060) et la réponse du médecin (*tout ce que je puis [...] est de vous rendre sourd*, l. 1062) viennent directement de Rabelais (Tiers Livre, chap. XXXIV : voir *les Sources*, p. 20).
  ④ En comparant les deux textes, vous dégagerez l'originalité de Molière.

GÉRONTE. — Serait-il possible, Monsieur, que vous puissiez[1] aussi guérir cette maladie d'esprit ?

SGANARELLE. — Oui, laissez-moi faire, j'ai des remèdes pour tout[2], 1075 et notre apothicaire nous servira pour cette cure. *(Il appelle l'Apothicaire et lui parle.)* Un mot. Vous voyez que l'ardeur[3] qu'elle a pour ce Léandre est tout à fait contraire aux volontés du père, qu'il n'y a point de temps à perdre, que les humeurs[4] sont fort aigries, et qu'il est nécessaire de trouver promptement un remède 1080 à ce mal, qui pourrait empirer par le retardement[5]. Pour moi, je n'y en vois qu'un seul, qui est une prise de fuite purgative, que vous mêlerez comme il faut avec deux drachmes[6] de matrimonium[7] en pilules. Peut-être fera-t-elle quelque difficulté à prendre ce remède; mais, comme vous êtes habile homme dans votre 1085 métier, c'est à vous de l'y résoudre, et de lui faire avaler la chose[8] du mieux que vous pourrez. Allez-vous-en lui faire faire un petit tour de jardin, afin de préparer les humeurs, tandis que j'entretiendrai ici son père; mais surtout ne perdez point de temps. Au remède, vite, au remède spécifique[9] ! 1090

## Scène VII. — GÉRONTE, SGANARELLE.

GÉRONTE. — Quelles drogues, Monsieur, sont celles que vous venez de dire ? Il me semble que je ne les ai jamais ouï nommer.

SGANARELLE. — Ce sont drogues dont on se sert dans les nécessités urgentes.

GÉRONTE. — Avez-vous jamais vu une insolence pareille à la sienne ? 1095

SGANARELLE. — Les filles sont quelquefois un peu têtues.

GÉRONTE. — Vous ne sauriez croire comme elle est affolée de[10] ce Léandre.

SGANARELLE. — La chaleur du sang fait cela dans les jeunes esprits.

GÉRONTE. — Pour moi, dès que j'ai eu découvert la violence de cet 1100 amour, j'ai su tenir toujours ma fille renfermée.

SGANARELLE. — Vous avez fait sagement.

GÉRONTE. — Et j'ai bien empêché qu'ils n'aient eu communication ensemble.

---

1. *Pussiez* (1667). — 2. Le catholicon, par exemple : « électuaire, le premier des remèdes purgatifs. Il est composé de casse, de séné, de rhubarbe, de tamarins, de polypode et de plusieurs simples et semences, dont l'un purge la bile, l'autre la pituite, l'autre la mélancolie, etc., ce qui l'a fait ainsi nommer, parce qu'il est universel, [grec : *katholikos*], pour purger les humeurs » (*Dict.* de Furetière). — 3 Le radical *arder* (brûler) rappelle le vocabulaire précieux : les *feux* de l'amour. — 4. Voir p. 62, n. 5. — 5. Retard. — 6. « A Paris, la seizième partie d'une livre, à Rouen la quatorzième, chez les anciens Romains et en médecine la douzième » (Furetière). — 7. Mot latin signifiant : mariage. Le texte de 1667 ne porte pas : *en pilules*; nous avons utilisé le texte de 1682. — 8. Le *matrimonium* en pilules. — 9. Qui convient exactement au mal : au mal d'amour il faut remède d'amour ; Jacqueline l'avait déjà dit, dans un langage moins hermétique, au début de l'acte II (l. 459). — 10. Nous dirions : folle de.

SGANARELLE. — Fort bien.                                              1105

GÉRONTE. — Il serait arrivé quelque folie, si j'avais souffert qu'ils se
   fussent vus.

SGANARELLE. — Sans doute.

GÉRONTE. — Et je crois qu'elle aurait été fille à s'en aller avec lui.

SGANARELLE. — C'est prudemment raisonné.                             1110

GÉRONTE. — On m'avertit qu'il fait tous ses efforts pour lui parler.

SGANARELLE. — Quel drôle [1]!

GÉRONTE. — Mais il perdra son temps.

SGANARELLE. — Ah! ah!

GÉRONTE. — Et j'empêcherai bien qu'il ne la voie.                    1115

SGANARELLE. — Il n'a pas affaire à un sot, et vous savez des rubri-
   ques [2] qu'il ne sait pas. Plus fin que vous n'est pas bête.

---

1. « Bon compagnon, homme de débauche, prêt à tout faire, plaisant et gaillard »
(Furetière). — 2. « On dit proverbialement qu'un homme entend la *rubrique* lorsqu'il
est fort intelligent dans les affaires, qu'il sait comme il faut les conduire dans l'ordre »
(Furetière).

---

● **Le comique** — Comme nos acteurs de music-halls, nos chansonniers,
Molière ne se privait pas de lancer un coup d'œil complice à son public.
Ainsi, à la l. 1076, quand Sganarelle dit : *notre apothicaire nous servira
pour cette cure. Nous*, c'est-à-dire : Sganarelle, Lucinde et Léandre;
mais pas du tout Géronte, que la cure contrariera.
Bossuet s'élèvera violemment, après la mort de Molière, contre les
sous-entendus plus ou moins grossiers faits pour « plaire au parterre ».
Ils étaient monnaie courante dans la farce.
*Une prise de fuite purgative* (l. 1082) : Sganarelle se donne le plaisir de
dire la vérité sans crainte; Géronte comprendra *fuite* dans un sens
médical.
Du *matrimonium* (l. 1083) : même effet, fondé sur les deux sens possibles du mot *matrimonium* (remède, union conjugale).
*Avaler la chose :* effet fondé sur les deux sens possibles du mot *chose*.

● **La mécanique comique** reparaît au début de la scène 7 (l. 1091 et suiv.),
avec les approbations automatiques de Sganarelle : *Vous avez fait sagement... fort bien... sans doute...* D'autant plus comiques qu'elles expriment le contraire de la pensée du personnage et que les craintes de
Géronte se réalisent sans qu'il s'en doute.

① Rapprochez Géronte (son nom signifie : le Vieux) de certains pères
qui figurent dans le théâtre de Molière; précisez les ressemblances et
les différences.

② Géronte parle d'*insolence*; Sganarelle de *chaleur du sang* (l. 1095
et 1099). Celui-ci n'a-t-il pas tendance à expliquer le moral par le physique? Attitude de médecin ou attitude propre à Molière? Pensez au
sous-titre du *Misanthrope*.

### Scène VIII. — LUCAS, GÉRONTE, SGANARELLE.

LUCAS. — Ah! palsanguenne [1], Monsieur, vaici bian du tintamarre. Votre [2] fille s'en est enfuie avec son Liandre. C'était lui qui était l'Apothicaire; et velà Monsieu le Médecin qui a fait cette belle [112] opération-là.

GÉRONTE. — Comment! m'assassiner [3] de la façon! Allons, un commissaire [4]! et qu'on empêche qu'il ne sorte [5]. Ah, traître! je vous [6] ferai punir par la justice.

LUCAS. — Ah! par ma fi [7]! Monsieur le Médecin, vous serez pendu. [112] Ne bougez [8] de là seulement.

### Scène IX. — MARTINE, SGANARELLE, LUCAS.

MARTINE, *à Lucas*. — Ah! mon Dieu! que j'ai eu de peine à trouver ce logis! Dites-moi un peu des nouvelles du médecin que je vous ai donné.

LUCAS. — Le velà, qui va être pendu. [113]

MARTINE. — Quoi! mon mari pendu! Hélas! et qu'a-t-il fait pour cela?

LUCAS. — Il a fait enlever la fille de notte maître.

MARTINE. — Hélas! mon cher mari, est-il bien vrai qu'on te va pendre [9]? [113]

SGANARELLE. — Tu vois. Ah!

MARTINE. — Faut-il que tu te laisses mourir en présence de tant de gens?

SGANARELLE. — Que veux-tu que j'y fasse?

MARTINE. — Encore si tu avais achevé de couper notre bois, je pren- [114] drais quelque consolation.

SGANARELLE. — Retire-toi de là, tu me fends le cœur.

MARTINE. — Non, je veux demeurer pour t'encourager à la mort, et je ne te quitterai point que je ne t'aie vu pendu.

SGANARELLE. — Ah! [114]

---

1. Voir p. 32, n. 5 – 2. *Votte* (1667). – 2. « Se dit hyperboliquement pour dire : importuner beaucoup » (*Dict.* de Furetière, 1690). – 4. « Officier royal et subalterne, qui a besoin de tenir la main à l'exécution des règlements de police [...] Les gens de mauvaise vie craignent fort le commissaire » (Furetière). – 5. *Il* = Sganarelle. – 6. Géronte s'adresse à Sganarelle comme s'il était présent (manière d'exprimer la violence du sentiment). – 7. Ma foi : voir *le Patois*, p. 88. – 8. La particule *ne*, à elle seule, exprime la négation. – 9. Voir p. 32, n. 10.

## Scène X. — GÉRONTE, SGANARELLE, MARTINE, LUCAS.

GÉRONTE, *à Sganarelle*. — Le commissaire[1] viendra bientôt, et l'on s'en va vous mettre en lieu[2] où l'on me répondra de vous.

SGANARELLE, *le chapeau à la main*. — Hélas! cela ne se peut-il[3] point changer en quelques coups de bâton?

GÉRONTE. — Non, non, la justice en ordonnera... Mais que vois-je? [1150]

---

1. Voir p. 84, n. 4. — 2. On supprimait souvent l'article devant les noms abstraits. — 3. Voir p. 32, n. 10.

■■■■■■■■■■■■■■■■■■■■■■■■■■■■■■■■■■■■■■■■■■■■■■■■■■■■■■■■■■■■■■■■■■■■■■■■■

● **Le dénouement** — Un premier dénouement, brutal, apparaît ici : Sganarelle sera *pendu* (l. 1130). Mais le spectateur ne s'effraye point; il rit même, car il n'est pas venu voir une tragédie ou un drame, mais une farce. Qui, d'ailleurs, s'attend à mort d'homme parmi les personnages? Géronte a simplement parlé de « punition » (l. 1124). Quant à Martine, se représente-t-elle vraiment un gibet quand elle demande à son mari s'il est vrai qu'on va le pendre (l. 1134)?

● **Les personnages** — LUCAS se réjouit à la pensée qu'on va pendre le faux médecin. Il a sur le cœur non seulement l'attitude de Sganarelle devant Jacqueline, mais la manière trop engageante avec laquelle la « belle nourrice » a reçu les compliments et les caresses du paillard.

MARTINE qui, au début du premier acte (sc. 1), voulait envoyer son mari à tous les diables, l'appelle maintenant son *cher mari* (l. 1134).

① Est-ce par une ironie cruelle, qui ferait écho à celle de Sganarelle au début du premier acte, l. 63-70 : *Ma chère moitié... je vous rosserai*?

Pas un instant, Martine ne se demande s'il y a un moyen de sauver son mari; elle accepte sa mort comme un événement banal. Elle demande seulement à Sganarelle (l. 1137) s'il se laissera mourir *en présence de tant de gens*.

② Ne peut-on voir, dans cette réplique, un « mot de théâtre »? Quels sont ces gens, à votre avis? Il n'y a qu'un tiers, dans cette scène : Lucas.

③ La *consolation* (l. 1141) qu'aurait Martine si Sganarelle avait achevé de couper le bois du ménage, témoigne-t-elle de cupidité? ou n'est-ce qu'un mot comique? Voyez l'écho de l'expression *couper le bois : tu me fends le cœur* (l. 1142).

④ Comment comprenez-vous cette réplique (l. 1143) : *Je ne te quitterai point que je ne t'aie vu pendu*? Qu'est-ce qui retiendra Martine près du gibet? le désir de rester avec son mari jusqu'au dernier moment? le désir de l'*encourager à la mort*, comme elle le dit? ou la joie d'assister à ses derniers moments afin d'être bien sûre qu'il ne reviendra pas?

⑤ Le dénouement de cette pièce vous satisfait-il? Expliquez votre opinion et fondez-la sur des faits.

■■■■■■■■■■■■■■■■■■■■■■■■■■■■■■■■■■■■■■■■■■■■■■■■■■■■■■■■■■■■■■■■■■■■■■■■■

SCÈNE XI. — LÉANDRE, LUCINDE, JACQUELINE, LUCAS, GÉRONTE, SGANARELLE, MARTINE.

LÉANDRE. — Monsieur, je viens faire paraître Léandre à vos yeux et remettre Lucinde en votre pouvoir. Nous avons eu dessein de prendre la fuite nous deux, et de nous aller marier [1] ensemble; mais cette entreprise a fait place à un procédé plus honnête [2]. Je ne prétends point vous voler votre fille, et ce n'est que de votre [1155] main que je veux la recevoir. Ce que je vous dirai, Monsieur, c'est que je viens tout à l'heure de recevoir des lettres par où j'apprends que mon oncle est mort, et que je suis héritier de tous ses biens.

GÉRONTE. — Monsieur, votre vertu m'est [3] tout à fait considérable, et je vous donne ma fille avec la plus grande joie du monde. [1160]

SGANARELLE, *à part.* — La médecine [4] l'a échappé belle !

MARTINE. — Puisque tu ne seras point pendu, rends-moi grâce d'être médecin; car c'est moi qui t'ai procuré cet honneur.

SGANARELLE. — Oui, c'est toi qui m'as procuré je ne sais combien de coups de bâton. [1165]

LÉANDRE, *à Sganarelle.* — L'effet est trop beau pour en garder [5] du ressentiment.

SGANARELLE. — Soit. *(A Martine.)* Je te pardonne ces coups de bâton en faveur de la dignité où tu m'as élevé; mais prépare-toi désormais à vivre dans un grand respect avec un homme de ma [1170] conséquence [6], et songe que la colère d'un médecin est plus à craindre qu'on ne peut croire.

---

1. Voir p. 32, n. 10. — 2. Voir p. 66 n. 10. — 3. Est pour moi. — 4. Métonymie pour : le médecin Sganarelle. — 5. Qu'on en garde. — 6. Mon importance.

■■■■■■■■■■■■■■■■■■■■■■■■■■■■■■■■■■■■■■■■■■■■■■■■■■■■■■■■■■■

● **Le dénouement effectif** — Avant la scène 11, dernière de la pièce, rien n'est réglé. Le spectateur demeure en haleine. Sganarelle sera-t-il pendu ? Rejoindra-t-on Léandre ? Lucinde sera-t-elle mise au couvent ?

Tout est bien qui finit bien :
— Sganarelle est rendu à sa femme.
— Léandre et Lucinde seront unis.
— Géronte est heureux puisque son gendre sera riche.

● **Sganarelle** — Le personnage redeviendra-t-il celui que nous avons connu au lever du rideau ? Son aventure l'aura changé, nous le devinons. Mais que Martine ne s'attende pas à le mener par le bout du nez : il s'appuiera sur une autorité accrue. La *dignité* de médecin l'a *élevé* (l. 1169); Martine, qui le traitait avec désinvolture, lui devra *un grand respect* (l. 1170). Commencée dans la dispute, la comédie s'achève sur une dispute en perspective.

● **Le comique** apparaît surtout en deux endroits :
— Quand Géronte change automatiquement d'attitude vis-à-vis de Léandre (l. 1159). Celui-ci hérite, donc Géronte s'incline respectueusement devant lui : *votre vertu m'est tout à fait considérable.*

① En quoi consiste la vertu de Léandre? Géronte **ne** lui en reconnaissait aucune avant l'héritage (voir les l. 477-486).

— Quand Sganarelle prononce le mot de **la fin** : *Un médecin est plus à craindre qu'on ne peut croire.*

② Cherchez, dans les autres comédies de Molière, des réflexions du même ordre.

*Le Médecin malgré lui,* dans une mise en scène
de Jacques Ducrot.
Salle Valhubert, 1968

*Ph. © Agence Bernand - Photeb*

# LE PATOIS DANS LA COMÉDIE

Quatre personnages surtout (Lucas, Jacqueline, Thibaut et Perrin) parlent un patois que tout le monde comprenait à Paris, car la plupart des domestiques, et ils étaient fort nombreux, venaient de la campagne (Ile-de-France, Picardie, Normandie...). Ce patois présente les caractères suivants (ordre alphabétique dans chaque rubrique, les chiffres renvoyant aux lignes de la pièce) :

## 1. Corruption des jurons en usage

*Gueble* (diable : 154, 985).
*Morguenne, morgué* (morbleu : 249, 440, 501...).
*Palsanguenne* (palsambleu : 436, 1118).
*Parguenne* (parbleu : 153).
*Par ma fi, par ma figué* (par ma foi, par ma foi en Dieu : 376, 402, 765, 945, 1125).
*Par tous les diantres* (par tous les diables : 982).
*Testegué, testigué* (têtebleu : 244, 358, 582).
*Vartigué* (vertubleu : 591).

## 2. Corruption de la syntaxe

— Sujet au singulier et verbe au pluriel : *j'allons* (938); *j'avons* (269, 394, 603, 903); *je crayons* (902); *je l'entendons* (932); *je fassions* (917); *je pensons* (155); *je savons* (341); *je venons* (883, 916); *je vous apportons* (920); *je vous sommes obligés* (938).
— Passé simple en *i* pour les verbes du premier groupe : *envoyît* (envoyât : 910); *laissit* (laissa : 414): *relevit* (releva : 416).
— Autres confusions : *vas* (vais : 475); *avont* (ont : 167); *baillissiez* (bâilliez : 890); *tuont* (tuent : 911).

## 3. Liaisons superflues

*J'ai-s eu* (j'ai eu : 909).

## 4. Pluriel emphatique

*Notre ménagère* (ma femme : 463); *notte homme* (mon mari : 724).

## 5. Impropriétés

*Défiguré* (décrit : 280); *je vous vois parler* (je vous entends parler : 391); *infections* (infusions : 906); *portions* (potions : 907); *conversions* (convulsions : 902).

## 6. Termes vieillis

*Bailler* (donner : 374, 459, 472, 496, 908, 920).
*Bouter* (mettre : 166, 270, 304, 391, 451, 464, 492).
*Fraimes* (frimes : 362).
*Lantiponer* (lanterner : 358); *lantiponage* (atermoiements : 592).

## 7. Élisions abusives

*Ne v's en déplaise* (ne vous en déplaise : 447); *v'êtes* (vous êtes : 359); *v' n'êtes* (vous n'êtes : 368). -

## 8. Corruption de la prononciation.

*Alle* (elle : 473-475, 896, 898).
*Amiquié* (amitié : 460, 492).
*An* (on : 447, 895).
*Ant* (ont : 458, 488).
*Bian* (bien : 724, 725, 945, 950, 955, 1118).
*Biau* (beau : 460, 705).
*Biausse* (Beauce : 497).
*Çen* (ce : 341).
*Ceti* (celui : 440).
*Charcher* (chercher : 883).
*Cordales* (cordiales : 907).
*Couteume* (coutume : 489).
*Crayons* (croyons : 902).
*Creiature* (créature : 493).
*Daignes* (dignes : 441).
*Drait* (droit : 451).
*Eune* (une : 905, 908).
*Fleumes* (flegmes : 901).
*Fraimes* (frimes : 362).
*Gari* (guéri : 443, 468).
*Garir* (guérir : 891).
*Glieu* (lieu : 898).
*Gnia* (n'y a : 606).
*Hériquié* (héritier : 479).
*Iau* (eau : 466, 898).
*Impartinante* (impertinente : 502).
*Li* (lui : 474, 474-475, 496, 508, 904).
*Liandre* (Léandre : 473, 1119).
*Libarté* (liberté : 394).

*Médeçaine* (médecine : 459).
*Monsieu* (Monsieur : 473, 495, 504, 507, 536, 569).
*Mufles* (muscles : 900).
*Nanin* (nenni : 602).
*Notte* (notre : 724, 903, 1133).
*Parette* (Perrette : 886).
*Piarre* (Pierre : 490).
*Preniais* (preniez : 473).
*Quarquié* (quartier : 491).
*Queuque* (quelque : 920).
*Quienne* (tienne : 606).
*Quotiguenne* (quotidienne : 899).
*Rian* (rien : 341, 466).
*Ribarbe* (rhubarbe : 467).
*Sai* (sais : 904, 911).
*Sarimonie* (cérémonie : 587).
*Sarviteur* (serviteur : 606).
*Sart* (sert : 341, 363).
*Sayez* (soyez : 383).
*Sériosités* (sérosités : 896).
*Sis* (suis : 376, 606, 612).
*Souillez* (souliers : 441).
*Syncoles* (syncopes : 902).
*Vaici* (voici : 1118).
*Vaigne* (vigne : 491).
*Velà* (voilà : 436, 492, 704, 919, 1005, 1130).
*Velait* (voulait : 908).
*Votte* (votre : 950).
*Voudrais* (voudrez : 897).
*Vouilliez* (vouliez : 472), etc.

① Pourquoi l'utilisation du patois par certains personnages d'une comédie nous fait-elle rire?
② Est-ce pour nous faire rire que Balzac (dans *les Paysans*), Flaubert et surtout Maupassant ont mis du patois dans la bouche de quelques personnages? Sinon, pour quelles raisons?
③ Les quatre personnages qui patoisent dans *le Médecin malgré lui* nous amusent-ils tous autant l'un que l'autre? Auquel Molière a-t-il prêté le plus d'incorrections?
④ D'après la déformation du mot par Jacqueline, Lucas et Thibaut, pouvez-vous dire comment on devait prononcer *Monsieur* au xviie siècle?

SGANARELLE. — ... *Pourquoi faut-il qu'une personne si bien faite soit tombée en de telles mains, et qu'un franc animal, un brutal, un stupide, un sot... Pardonnez-moi, nourrice, si je parle ainsi de votre mari.*

(III, 3, 1. 965-67)

Jean Richard et Anne-Marie Mailfer
Théâtre du Palais-Royal, mars 1961

# LE VILAIN MIRE [1]

## [Le Paysan médecin]

1    *Jadis était un vilain riche*
*Qui moult était avare et chiche ;*
*Une charrue alors avait*
*Que par tous temps il attelait*
*D'une jumènt et d'un roussin* [cheval de charge].
*Il avait viande et pain et vin,*
*Et toutes choses qu'il fallait ;*
*Mais de femme point il n'avait,*
*Ce dont le blâmaient ses amis*
10   *Et tous les autres gens aussi.*
*Il dit volontiers en prendrait*
*Une bonne s'il s'en trouvait ;*
*Et disent tous qu'ils chercheront*
*La meilleure qu'ils trouveront* [2].
*Dans le pays un chevalier,*
*Vieil homme vivait sans moitié* [moilliér : femme].
*Avait une fille fort belle*
*Et très courtoise demoiselle,*
*Mais parce qu'argent lui manquait*
20   *Le chevalier point ne trouvait*
*Homme qui fille demandât*
*Et que volontiers mariât*
*Puisqu'elle était alors en âge*
*Et en goût d'entrer en ménage.*
*Les amis du vilain allèrent*
*Au chevalier et demandèrent*
*Sa fille pour le paysan*
*Qui tant avait d'or et d'argent,*
*Tant de froment, et tant de draps* [vêtements].
30   *Il leur donna vite le pas* [l'avantage]
*Et accepta ce mariage.*
*La fille qui moult était sage*
*N'osa contredire son père,*
*Car orpheline était de mère.*
*Elle fit donc comme il voulut,*
*Et le vilain plus tôt qu'il put*

1. « Ce fabliau, dont Molière dans son *Médecin malgré lui* a imité la première partie, qu'il avait sans doute empruntée à une farce italienne *Arlecchino medico volante* [Arlequin médecin volant], se retrouve dans la 10ᵉ et la 30ᵉ *Serée* de Bouchet. La première partie existe dans la littérature populaire de la Russie, sans doute venant de notre fabliau [...] Le Pogge, dans ses *Facéties*, a fait revivre la seconde partie de l'histoire, celle où le médecin guérit les malades par la peur » (A. de Montaiglond et Gaston Raynaud, *Recueil général des fabliaux*, t. III, 1878, p. 379). Nous donnons ici une interprétation libre (voir le v. 44) du fabliau, mais rythmée et assonancée comme l'original, afin qu'on y retrouve l'atmosphère et le ton des 394 vers. — 2. Le changement de temps est fréquent dans les fabliaux.

Fit ses noces et épousa
Celle qui fort se demanda
Si autre chose pouvait faire.
40 Quand terminée fut cette affaire
Et que de noce et d'autre chose
Il ne demeura pas grand'chose,
Lors le vilain se demanda
S'il n'était pas fait comme un rat [interprétation libre].
Convenait mal à son métier [besoin]
D'avoir fille de chevalier ;
Quand il sera à la charrue,
Damoiseaux seront dans la rue
Et jours ouvrables et jours fériés.
50 Et quand il sera éloigné
De sa maison, le chapelain
Viendra céans soir et matin
Et la femme cajolera.
. . .
« Las ! moi chétif, fit le vilain,
» Je ne sais pas me conseiller
» Car repentir n'y a métier [est inutile]. »
Il commence à se demander
60 Comment de ça peut se garder.
« Dieu ! fit-il, si je la battais
» Au matin quand je lèverais,
» Elle pleurerait tout le jour
» Et je m'en irais au labour.
» Bien sais tant qu'elle pleurerait
» Que nul alors ne la choirait.
» Aux vêpres [au soir] quand je reviendrais,
» Pour Dieu merci [de me pardonner] je la prierais ;
» Je la rendrai au soir très gaie,
70 » Mais au matin est courroucée...
» J'en prendrais déjà le congé [la permission]
» Si j'avais un peu à manger. »
Le vilain demande à dîner ;
La dame lui court apporter.
N'eurent ni saumon ni perdrix ;
Pain et vin eurent et œufs frits,
Et du fromage en quantité
Que le vilain avait gardé.
Et quand la table fut ôtée,
80 De la paume qu'il avait liée [large]
Battit sa femme sur la face,
Tant que des doigts y parut trace,
Puis la saisit par les cheveux.
Le vilain qui était furieux
La battit alors tout ainsi
Que si elle l'eût desservi [mérité],

*Puis il s'en alla vite aux champs,*
*Et la femme resta pleurant.*
*« Hélas ! fit-elle, que ferai ?*
90     *» Et comment me conseillerai ?*
*» Ne sais ce qu'il faut que je die* [dise],
*» Car mon père m'a bien trahie*
*» Qui m'a donnée à ce vilain.*
*» Me fallait-il mourir de faim ?*
*» Certes, bien eut au cœur la rage*
*» Quand j'acceptai tel mariage.*
*» Dieu ! pourquoi ma mère est-elle morte ? »*
*Si durement se déconforte* [s'afflige]
*Que tous les gens qui s'en venaient*
100  *La visiter s'en retournaient.*
*Ainsi à douleur s'est livrée*
*Jusqu'à la fin de la journée.*
*Quand le vilain fut revenu,*
*Aux pieds de sa femme il a chu*
*Et l'a priée pour Dieu merci* [de lui pardonner] :
*« Sachez que ce fut l'ennemi* [le diable]
*» Qui me fit faire tel desroi* [me mit en tel état] :
*» Tenez, je vous promets ma foi*
*» Que jamais ne vous toucherai :*
110  *» De tant que battue vous ai,*
*» Je suis courroucé et dolent. »*
*Tant lui dit le vilain pulens* [brutal]
*Que la dame alors lui pardonne*
*Et à manger bientôt lui donne*
*De ce qu'elle avait préparé ;*
*Quand ils eurent assez mangé*
*S'en allèrent coucher en paix.*
*Au matin le vilain punais* [nez puant : terme de mépris]
*Rosse sa femme à la volée*
120  *Et il ne l'a pas ménagée,*
*Puis s'en retourne labourer,*
*Et la dame alors de pleurer :*
*« Hélas ! dit-elle, que ferai ?*
*» Et comment me conseillerai ?*
*» Bien sais que mal m'est advenu ;*
*» Fut oncques* [jamais] *mon mari battu ?*
*» Non, il ne sait ce que coups sont ;*
*» S'il le savait, pour tout le mont* [monde],
*» Il ne m'en donnerait autant. »*
130  *Alors qu'ainsi allait pleurant,*
*Vinrent deux messagers du roi,*
*Chacun sur un blanc palefroi,*
*Qui vers la dame éperonnèrent ;*
*De par le roi la saluèrent,*
*Puis demandèrent à manger,*

*Car ils en avaient bien métier* [besoin].
*Volontiers leur en a donné,*
*Et puis ainsi a demandé :*
« *D'où êtes-vous et où allez?*
140 » *Et dites-moi ce que cherchez.* »
*L'un répond :* « *Dame, par ma foi,*
» *Nous sommes messagers du roi ;*
» *Il nous envoie un mire querre* [quérir : chercher],
» *Passer devons en Angleterre.*
» — *Pourquoi faire?* — *Damoiselle Ade* [Aude],
» *La fille du roi est malade ;*
» *Elle a passé huit jours entiers*
» *Sans pouvoir boire ni manger,*
» *Car une arête de poisson*
150 » *S'est arrêtée en son gavion* [gosier];
» *Et le roi est désespéré ;*
» *S'il la perd il sera mes liez* [ne sera plus jamais heureux].
*Et dit la dame :* « *Vous n'irez*
» *Pas si loin que vous le pensez,*
» *Car mon mari est, je vous dis,*
» *Bon mire, bien je vous l'afi* [affirme].
» *Il sait bien plus de médecine*
» *Et connaît bien mieux les urines*
« *Que jamais ne sut Ypocras* [Hippocrate].
160 » — *Dame, dites-le vous à gas* [en plaisantant]?
» — *Plaisanter, dit-elle, n'ai cure,*
» *Mais il est de telle nature*
» *Qu'il ne ferait pour cela rien*
» *Si on ne le battait pas bien.* »
*Et dirent :* « *Alors cessera,*
« *Car pour le battre on n'oubliera ;*
» *Dame, où le pourrons-nous trouver?*
» — *Aux champs le pourrez rencontrer.*
» *Quand vous sortirez de la cour*
170 » *Tout ainsi que ce ruisseau court*
» *Le long de cette gaste rue* [route ravinée],
» *Toute la première charrue*
» *Que vous trouverez, c'est la nôtre,*
» *Allez; à saint Pierre, l'apôtre,*
» *Fit-elle, je vous recommand* [recommande]. »
*Et ils s'en vont éperonnant,*
*Tant qu'ils ont le vilain trouvé.*
*De par le roi l'ont salué,*
*Puis lui dirent, sans demeurer* [sans plus attendre] :
180 « *Venez-en tôt au roi parler.*
» — *Pour quoi faire? dit le vilain.*
» — *Pour le talent de médecin ;*
» *N'y a tel mire en cette terre.*
» *De loin vous sommes venus querre* [chercher]. »

Quand il se voit pris pour un mire,
Tout son sang lors se met à frire [bouillir];
Dit qu'il n'en sait ni tant ni quant [ne sait rien].
« Qu'allons-nous faire, en attendant?
» Dirent les autres. — Et bien sais-tu
190 » Qu'il veut d'abord être battu
» Avant que bien où fasse ou die [dise]? »
L'un le bat donc par-dessus l'ouïe,
Et l'autre sur le bas du dos,
Avec bâton et grand et gros ;
Ils lui font honte à plenté [beaucoup],
Et puis au roi ils l'ont mené.
Ils le poussent à reculons,
La tête devers les talons [tête basse],
Et le roi les a rencontrés ;
200 Lors dit : « Avez-vous rien trouvé?
» — Oui, Sire, dirent-ils ensemble. »
Et le vilain de peur il tremble.
Et l'un dit au roi premerains [d'abord]
Les taches [défauts] qu'avait le vilain,
Comme il est plein de félonie
Puisque de quoi que l'on le prie,
Il ne consent à faire rien
Avant qu'on ne le batte bien.
Le roi dit : « Mauvais mire-ci [que celui-ci],
210 » Ainc mais d'itel parler n'ouïs [Jamais je n'en ai entendu parler].
» — Bien soit battu puisqu'ainsi est,
» Dit un sergent [homme d'armes]; je suis tout prêt,
» Si j'en reçois l'ordre et le droit,
» A lui payer bien tous ses droits. »
Le roi le vilain appela.
« Maître, fit-il, entendez ça ;
» Je ferai ma fille venir,
» Car elle a besoin de guérir. »
Le vilain lui cria merci [pitié] :
220 « Sire, pour Dieu qui ne mentit,
» Oui, que Dieu m'ait [me prenne si je mens], je vous dis bien,
» De physique [médecine] je ne sais rien ;
» Jamais de physique n'apprends-je. »
Et dit le roi : « Merveille entends-je,
» Battez-le moi. » Et ils se mirent
A l'œuvre et volontiers le firent.
Quand le vilain sentit les coups,
Adoncques se tint-il pour fou.
« Pitié, commença de crier,
230 » Je la guérirai sans délai ! »
La pucelle fut en la salle,
Et moult était éteinte et pâle,
Et le vilain se demandait

Comment lors il la guérirait ;
Sachant bien que, ou la guérir
Il lui fallait, ou bien mourir.
Lors commence à se demander
(Si guérir la veut et sauver),
240 Chose convient de faire et dire
Ce qui la pourrait faire rire
Pour que l'arête saille hors,
Puisqu'elle n'est pas dans le corps.
Lors dit au roi : « Faites un feu
» En cette chambre, en privé lieu ;
» Vous verrez bien ce que ferai,
» Et si Dieu veut, la guérirai. »
Le roi ordonne un feu plénier ;
Valet arrive et écuyer,
250 Ainsi est le feu allumé
Là où le roi l'a commandé.
Et la pucelle au feu s'assit
Sur un siège que l'on y mit ;
Et le vilain se dépouilla
Tout nu, et sa culotte ôta ;
Et devant le feu s'est couché,
Puis s'est gratté et étrillé.
Ongles avait et le cuir dur.

. . .
[Le vilain se contorsionne drôlement]
260 . . .
Et la fille qui le voyait,
Malgré le mal qu'elle sentait,
Voulut rire et s'en efforça ;
Lors de sa bouche s'envola
L'arête qui chut en brasier.
Et le vilain, sans s'arrêter,
Revêt des draps [vêtements] et prend l'arête,
Sort de la chambre en grande fête.
Il voit le roi et haut lui crie :
270 « Sire, votre fille est guérie,
» Voici l'arête, Dieu merci. »
Et le roi beaucoup s'en réjouit,
Et dit le roi : « Or, savez-vous,
» Que je vous aime dessus tout ?
» Vous aurez et robes et draps [vêtements].
» — Merci, Sire, je n'en veux pas,
» Ni ne veux ici demeurer ;
» A mon hôtel [logis] me faut aller. »
Et dit le roi : « Rien n'en feras ;
280 » Mon mire et mon ami seras.
» — Merci, Sire, par Saint Germain !
» Chez moi n'y avait point de pain

» *Quand je partis hier matin ;*
» *On devait charger au moulin.* »
*Le roi deux valets appela :*
« *Battez-le moi, il restera.* »
*Ainsi l'assaillent sans tarder*
*Et s'apprêtent à le rosser.*
*Quand le vilain sentit les coups*
290 *Sur les bras, la jambe et le cou,*
*Pitié, lors, commence à crier :*
« *Laissez-moi donc , je resterai.* »
    *A la Cour il est demeuré,*
*On l'a tondu et puis rasé,*
*On lui mit robe d'écarlate* [d'un rouge vif] ;
*Il croyait être de barate* [hors d'affaire],
*Quand les malades du pays,*
*Plus de quatre-vingts a-t-on dit,*
*Vinrent au roi à cette fête.*
300 *Chacun lui raconta son fait.*
*Le roi le vilain appela :*
« *Maître, dit-il, entendez ça ;*
» *De tous ces gens prenez conroi* [soin],
« *Et vite guérissez-les moi.*
» — *Grâce, Sire, le vilain dit,*
» *Trop y en a ; si Dieu me nuit*
» *Je n'en pourrai venir à bout ;*
» *Je ne saurais les guérir tous.* »
*Le roi les deux valets appelle,*
310 *Et chacun a pris une attelle* [une pièce de bois],
*Car chacun d'eux très bien savait*
*Pourquoi le roi les appelait.*
*Quand le vilain les voit venir,*
*Le sang commence à lui frémir :*
« *Pitié, lors, se met à crier,*
» *Je les guérirai sans tarder.* »
*Le vilain demande du bois ;*
*Assez en eut pour cette fois.*
*Dans la salle on fit un bon feu*
320 *Et lui-même il fit de son mieux.*
*Les malades il rassembla*
*Et puis après au roi parla :*
« *Sire, vous en irez à val* [sortirez],
» *Et tous ceux-ci qui n'ont nul mal.* »
*Le roi s'en va tout bonnement,*
*Hors de la salle avec sa gent* [ses gens].
*Le vilain aux malades dit :*
« *Seigneurs* [Messieurs], *par le Dieu qui me fit,*
» *J'aurai grand mal à vous guérir,*
330 » *Je n'en pourrai à bout venir ;*
» *Le plus malade choisirai*

» *Et en ce feu je le mettrai.*
» *Le brûlerai en icel feu* [ce feu]
» *Et tous vous remercierez Dieu*
» *Car ceux qui la cendre boiront*
» *Tout maintenant guéris seront.* »
*Ils se sont entre-regardés*
*Mais n'y eut bossu ni enflé*
*Qui même contre Normandie* [pour un empire]
340    *Osât avouer sa maladie.*
*Le vilain a dit au premier :*
« *Je te vois de fièvre brûler,*
« *Tu es de tous le plus atteint.*
» *— Grâce, sire ! je suis très sain,*
» *Plus que ne fus en mon matin* [jamais];
» *Soulagé suis de tout le mal*
» *Dont j'ai souffert un si long temps.*
» *Sachez que de rien ne vous mens.*
» *— Va t'en donc et que bien te porte !* [texte : que fais-tu ici ?] »
350    *Et celui-ci a pris la porte.*
*Le roi demande :* « *Es-tu guéri ?*
» *— Oh ! oui, Sire, pour Dieu merci* [grâce à Dieu],
» *Je suis bien plus sain qu'une pomme ;*
» *Vous avez un mire prudhomme* [savant]. »
*Que vous irai-je alors contant ?*
*Oncques n'y a* [Il n'y en a pas un], *petit ou grand,*
*Qui pour rien au monde bien veut*
*Être jeté dedans le feu.*
*Ils s'en vont donc et tout ainsi*
360    *Que s'ils avaient été guéris.*
*Et quand le roi les eut tous vus,*
*De joie il fut tout éperdu,*
*Puis au vilain il dit :* « *Beau maître,*
» *Je demande comment peut être*
» *Que si tôt guéris les avez.*
» *— Et bien, Sire, les ai charmés ;*
» *Je sais un charme qui mieux vaut*
» *Que gingembre ou bien citovaut* [cannelle]. »
*Et dit le roi :* « *Vous en irez*
370    » *En votre hôtel quand vous voudrez.*
» *Là vous aurez, de mes deniers,*
» *Palefrois et bons destriers ;*
» *Et quand je vous remanderai,*
» *Vous ferez ce que je voudrai.*
» *Ainsi serez mon ami cher*
» *Et vous estimerai plus cher*
» *Que toute la gent du pays.*
» *Mais, ne soyez plus ébahi*
» *Et ne vous faites plus prier*
380    » *Car c'est honte de vous frapper.* »

» — *Merci, Sire, dit le vilain,*
» *Je suis vôtre soir et matin,*
» *Et le serai tant que vivrai,*
» *Jamais ne m'en repentirai.* »
*Le roi il quitte, congé prend,*
*A son hôtel vient vivement.*
*Manant plus riche, il n'en fut plus.*
*A son hôtel il est venu ;*
*Il n'alla plus à la charrue,*
390 *Et oncques plus ne fut battue*
*Celle qu'il aima et chérit,*
*Cela est comme je le dis.*
*Par sa femme et par sa voisdie* [ruse],
*Il fut bon mire sans clergie* [diplômes].

① Établissez une comparaison méthodique entre la première partie du *Vilain mire* et la farce du *Médecin malgré lui* : ressemblances, différences.

② Pour quelle raison, selon vous, Molière n'a-t-il pas fait, de la femme du vilain, une *demoiselle* ? Le fait que Martine est une paysanne, comme son mari, ne renforce-t-il pas le comique ?

③ Chacun des deux vilains bat sa femme, mais pour des raisons différentes. Vous paraissent-elles aussi plausibles les unes que les autres ?

④ Approuvez-vous Molière d'avoir laissé de côté ce que nous nommerions la « question de classe » ?

⑤ Ne l'a-t-il pas abordée dans d'autres comédies ? Lesquelles ?

SGANARELLE. — *Oui, laissez-moi faire, j'ai des remèdes pour tout...*

(III, 6, l. 1075)

Gilles Danjaume (SGANARELLE) et Pierre Boussard (GÉRONTE) par la Comédie des Remparts, Antibes.

# DOSSIER PÉDAGOGIQUE

## 1. La pièce

### Faire rire suffit-il?

Pour avoir présenté *le Médecin malgré lui* après *le Misanthrope*, Molière a été l'objet de vives critiques. BOILEAU l'accuse d'avoir « sans honte à Térence allié Tabarin ». VOLTAIRE lui reproche, après avoir été un « sage », de s'être abaissé au rôle de bateleur : « *Le Misanthrope* était l'ouvrage d'un sage qui écrivait pour les hommes éclairés; et il fallut que le sage se déguisât en farceur pour plaire à la multitude. »

Le vingtième siècle s'est montré plus objectif : il y a des degrés dans le comique; à partir duquel le comique est-il blâmable?

Pour RENÉ BRAY, Molière reste avant tout un amuseur : « Molière nous dit qu'il veut corriger les hommes, et la critique s'évertue à justifier cette affirmation de circonstance. En réalité, il ne pense qu'à nous faire rire. Le théâtre n'est pas un moyen, c'est un but » (*Molière homme de théâtre*, p. 32). PIERRE-AIMÉ TOUCHARD ne le nie pas, mais le rire, observe-t-il, peut être une invitation à penser : « En passant de la farce italienne à la farce française, Molière a donné à un genre traditionnellement superficiel son contrepoint de méditation profonde et souvent cruelle » (« Tout sur Molière », *Europe*, p. 71).

— Comment comprenez-vous cette phrase : « Le théâtre n'est pas un moyen, c'est un but. »? Quand vous allez au théâtre, quel « but » souhaitez-vous atteindre?

### De la farce à la comédie

C'est en comparant *le Médecin volant* (voir p. 113 et suiv.) au *Médecin malgré lui* que l'on peut cerner la différence entre un divertissement écrit par un jeune comédien ambulant et une farce écrite par un grand écrivain, directeur de théâtre, qui connaît bien les goûts de son public parisien. JACQUES COPEAU ne s'y est pas trompé : « *Le Médecin volant* n'est qu'un canevas au regard du *Médecin malgré lui*, tout y paraît en souffrance et comme étranglé. Voulez-vous saisir sur le fait ce que c'est que l'imagination scénique, quel est l'art de développer une idée comique, de lui donner le ballant, la force nécessaire pour atteindre irrésistiblement un public ? Reprenez *le Médecin volant* » (*Registres II*, p. 229).

Et P.-A. TOUCHARD de compléter : « Au comique des gestes et des attitudes s'est substitué, dans *le Médecin malgré lui*, le comique des situations, c'est-à-dire un comique fondé sur l'observation de la vie réelle, des problèmes qu'elle pose et des drames qu'elle garde sans cesse en puissance » (« Tout sur Molière », p. 71).
— Essayez de justifier cette remarque en cherchant, dans la pièce, des exemples précis : observation de la vie réelle, des problèmes qu'elle pose.

Allant plus loin encore, dans l'analyse, on peut trouver dans *le Médecin malgré lui* « de quoi charmer non seulement ceux que Voltaire appelle le peuple grossier, mais aussi cette partie plus raffinée du public à qui *le Misanthrope* avait plu » (Despois et Ménard, cités par Jasinski, *Molière*, p. 166). Et cela parce que l'auteur du *Misanthrope* ne pouvait se dépouiller de son génie pour écrire une farce. Il demeurait un observateur des mœurs et des caractères, un moraliste.
— Découvrez les divers aspects du comique dans *le Médecin malgré lui* en partant des jugements suivants :
« Les personnages ne sont que de grossiers pantins aux couleurs voyantes, aux trognes hilares » (Bordonove, *Molière génial et familier*, p. 311).
« La gauloiserie est poussée jusqu'à l'indécence » (René Bray).
« Molière transforme le langage en une mécanique à faire rire » (A. Simon, *Molière par lui-même*, p. 72).
« Pour cette 'petite bagatelle', Molière a cousu ensemble des scènes et des éléments disparates sans du tout chercher à peindre des caractères » (Bordonove, p. 311).
« Le comique de caractère n'est pas réservé à la grande comédie : la farce en fait usage » (René Bray).
— Finalement, approuvez-vous Pierre Brisson pour avoir écrit, en 1942, que « du haut du *Misanthrope*, Molière pique une tête dans la facilité » ?

## Deux créatures de Molière : Sganarelle et Scapin

Selon RENÉ BRAY, « la farce vit à la fois par le mouvement et par le comique. Molière en a dissocié les éléments fondamentaux en opposant Scapin à Sganarelle » (*op. cit.*, p. 248).
— Vous connaissez *les Fourberies de Scapin*. Estimez-vous qu'il est plus fatigant de jouer le rôle de Scapin que celui de Sganarelle ? lequel des deux meneurs de jeu fait le plus de gestes ? lequel court le plus ? lequel est le plus « gugusse » ? Lequel finalement trouvez-vous le plus drôle ?

« Sganarelle est maître du rire, mais il ne donne pas d'ailes à la comédie comme Scapin » (A. Simon, *op. cit.*, p. 62).
— Comment comprenez-vous cette expression « donner des ailes » ?

## Molière peint l'homme « d'après nature »

« Il évoque une société avec ses diverses classes caractérisées selon la manière de son siècle par leur esprit plus que par les détails extérieurs » (Jasinski, *Molière*, p. 276).
— Étudiez les personnages du *Médecin malgré lui* selon ce critère de « classe », comparez leur langage, leur comportement, leurs usages.
— Y a-t-il, dans la pièce, des scènes qui vous donnent l'impression d'avoir été « prises sur le vif » ?
Les caractères sont à la fois conventionnels et individualisés, affirme JACQUES COPEAU (*Registres II*, p. 27) : « Valère [...] s'oppose admirablement à Lucas, comme Jacqueline à Martine. C'est un pédant de village, un phraseur, un filandreux [...] sa syntaxe le dénonce. Valère a toujours la réplique longue, cotonneuse. Lucas, toujours le mot net, frais, coloré... »
— Choisissez des exemples précis montrant la pertinence du langage en fonction des caractères.
« Quels que soient les personnages qu'elle nous présente, la comédie de Molière fait peser sur les petits le même regard impartial et serein qu'elle promène sur les grands » (Gurwirth).
— N'avez-vous pas cependant l'impression que Molière a quelque sympathie pour Sganarelle et Lucas et qu'il « va puiser dans le peuple un contact plus immédiat avec les réalités de l'instinct » (Gurwirth) ?

## La satire des médecins

Même dans les farces de Molière, elle ne manque pas de réalisme, affirme DANIEL MORNET. La caricature « ne se propose pas seulement d'épanouir la rate. C'est la caricature-portrait où nous reconnaissons, sous des traits appuyés et grossis, les visages mêmes de la vie ».
— Relevez, dans *le Médecin malgré lui*, les allusions au statut des médecins et aux pratiques médicales de l'époque.
— Le portrait du médecin Sganarelle est à la fois ressemblant et caricatural. Montrez-le.
— BERGSON observe que les médecins de Molière « traitent le malade comme s'il avait été créé pour le médecin, et la nature elle-même comme une dépendance de la médecine » (*le Rire*, p. 13). Développez cette observation en prenant vos exemples dans *le Médecin malgré lui*.

## Une comédie à sketches

« La comédie moliéresque, observe René Bray (*op. cit.*, p. 202), est parfois une suite de sketches, même quand elle comporte un enchaînement étroit; certains épisodes s'en dégagent facilement. »
— Relevez quelques sketches dans *le Médecin malgré lui*. Ont-ils une fonction dramatique? L'ordre dans lequel ils se présentent serait-il interchangeable?
— Certaines scènes ou parties de scènes sont symétriques, se font écho (cherchez quelques exemples). Que pensez-vous de ce procédé de composition? Renforce-t-il le comique? Pensez à la formule de Bergson : « du mécanique plaqué sur du vivant ».
— « Ces scènes rapides et légères sont propres à mettre en lumière les qualités de l'interprète, elles isolent les effets pour mieux les faire apparaître. » Développez cette affirmation de René Bray (*op. cit.*, p. 204).

## L'intrigue, les personnages

« L'intérêt de la pièce est (...) moins dans l'intrigue que dans la situation, le ton, la verve » (Léon Thoorens, *le Dossier Molière*, p. 125).
— Analysez cette affirmation.
« L'opposition entre les personnages 'sympathiques' et les personnages 'antipathiques' ou ridicules est caractéristique de la manière de Molière » (Pierre Voltz, *op. cit.*, p. 68).
— Classez les personnages du *Médecin* selon ce critère. Est-ce facile? Les défauts et les vices de Sganarelle vous le rendent-ils méprisable? Êtes-vous tenté de « copiner » avec lui? Interrogez vos camarades, garçons et filles, de cette façon.
— « Jouer un personnage qui à son tour en joue un autre, voilà de quoi satisfaire en Molière le démon du théâtre » (Vedel, cité par Bray, p. 276). Cherchez, dans le théâtre de Molière, d'autres exemples de ce jeu.

## Martine, Jacqueline, Lucinde

« Molière n'a jamais évoqué le désir d'égalité des femmes que pour en tirer des effets comiques aux dépens des novatrices » (Bénichou, *Morales du Grand Siècle*, p. 3).
— Pourquoi ne prend-on pas au sérieux les « revendications » de Martine? En quoi diffère-t-elle de la femme acariâtre souvent représentée dans les fabliaux?
— Jacques Copeau (*Registres II*, p. 226) se représente Martine comme « une petite noiraude, maligne, courageuse et sournoise »; il voit Jacqueline « grande, blonde, bavarde et passive ». Les voyiez-vous ainsi? Analysez les principaux traits de caractère de ces deux « mal mariées ».

— « Le dernier mot de Molière en matière de philosophie conjugale est que la confiance encourage la fidélité, que la contrainte au contraire crée la haine et la révolte » (Bénichou). Montrez-le à propos de Jacqueline. Comment justifie-t-elle sa fidélité ?

— « La lutte des femmes et des jeunes gens contre les entraves familiales représentées par quelque vieillard, père ou prétendant ridicule, est toujours présente chez Molière » (Bénichou, p. 311). Lutte grave, qui met en jeu l'avenir. Pourquoi nous est-elle présentée sous une forme bouffonne ?

« C'est par la bouche des femmes » que Molière « fait parler la sagesse sans fard du peuple », note BÉNICHOU (p. 323). « Tandis que les valets ne mettent guère que leurs expédients au service de leurs maîtres, les servantes représentent vraiment le bon sens et la vérité venant à la rescousse des droits méconnus de la femme. »

— Afin d'étudier cette thèse, comparez les arguments, le langage de Jacqueline et de Lucinde à propos du mariage et de l'amour.

— Les dernières scènes du *Médecin malgré lui* annoncent-elles la victoire des femmes contre la tyrannie dont elles se plaignent ?

## Le dénouement

Parlant de la manière dont s'achèvent, en général, les comédies de Molière, BRUNETIÈRE (cité par Léon Thoorens, *op. cit.*, p. 251) dit que ces dénouements ressemblent « à la vie où rien ne commence ni ne finit ». LOUIS JOUVET ne voit en eux qu'un procédé, « de la plus parfaite et de la plus pure convention théâtrale ». RENÉ BRAY (*op. cit.*, p. 219) précise : « des dénouements de théâtre, de comédien et non de moraliste, pas même de psychologue ». BÉNICHOU cependant retient le fait que « toujours les jeunes finissent par triompher des vieux, le penchant de la contrainte, la liberté amoureuse des vieux préceptes familiaux » (*Morales du Grand Siècle*, p. 311).

— Ne peut-on voir là une pesée de Molière sur les mœurs, les habitudes ? De tels dénouements pouvaient-ils satisfaire tous les spectateurs au XVIIᵉ siècle ? Développez votre pensée.

— Faites la part de la fantaisie et de la vraisemblance dans *le Médecin malgré lui*. Comparez le dénouement de cette pièce au dénouement du *Vilain Mire*.

## 2. En scène

## La mise en scène du « Médecin malgré lui »

Parlant de l'originalité de Molière, PIERRE VOLTZ écrit (*la Comédie*, A. Colin, 1964) : « Son audace est très précisément, même dans les pièces où les personnages sont apparemment les plus inactuels, l'audace d'un satirique. » La satire ici porte sur les médecins et la médecine. Molière se sert d'un pauvre bûcheron pour la faire.

— Si vous souhaitiez reprendre la trame de cette comédie, quel type de personnage contemporain choisiriez-vous pour en faire la satire? Et où iriez-vous dénicher votre Sganarelle?

## Les comédiens

Selon le premier biographe de Molière, GRIMAREST (voir p. 13), « la troupe de Molière était bien composée et il ne confiait pas ses rôles à des acteurs qui ne sussent pas les exécuter, il ne les plaçait pas à l'aventure » (cité par R. Bray, p. 65).

— Précisez l'âge, le physique, l'allure que vous attribueriez aux différents protagonistes du *Médecin malgré lui*. Mais lisez d'abord les deux avis suivants :

Pour JACQUES COPEAU (*Registres II*, p. 225), « Sganarelle est de grandeur un peu plus que nature, quasi rabelaisien. C'est un paysan de moyenne France. Voix de plein air, grands abatis, œil fin, lubrique (...) gars turbulent, outré dans ses mouvements, bizarre ».

Le metteur en scène Guy Piérault en fait « une sorte de poivrot de banlieue, avec un rien d'accent faubourien. Il lui insuffle une verve vigoureuse, pétillante, sous un physique de Filochard »[1] (Molière à la Porte Saint-Martin, in *le Monde*, juillet 1952).

## Les costumes

Selon des documents du XVIIᵉ siècle, Armande Béjart, dans le rôle de Lucinde, était vêtue « d'une jupe de satin couleur de feu, avec guipures et volants, et d'un corps de toile d'argent et de soie verte ». Valère porte l'épée et le chapeau à plumes; Sganarelle une fraise avec un habit jaune et vert (voir acte I, sc. 4).

— Relevez les allusions aux vêtements de ses personnages faites par Molière.

— Si vous assuriez la mise en scène, utiliseriez-vous toutes ces indications?

— Au cas où vous utiliseriez des vêtements de notre époque, comment rendriez-vous l'aspect démodé, voire grotesque, du costume de Sganarelle fagotier, puis médecin?

Selon RAYMOND JEAN (*Europe*, février 1966, p. 32), les déguisements « signifient toujours que la nudité ou l'innocence originelle ont été délibérément troquées contre les dehors vaguement maléfiques d'un prestige usurpé ou de valeurs sociales falsifiées ».

— Que pensez-vous de cette généralisation? Expliquez-la.

---

1. Personnage figurant, avec Ribouldingue, dans la littérature populaire du XXᵉ siècle.

## Le décor

Avec Molière, écrit GEORGES PITOEFF (*Europe*, mai-juin 1961), « on ne sait jamais si on est en été ou en hiver, s'il fait beau ou s'il pleut, si c'est le matin ou le soir ».

— Le lieu de l'action est-il bien précisé dans *le Médecin malgré lui* ? Le premier acte se situe-t-il entièrement chez Sganarelle et chez Monsieur Robert ?

— Puisque ce lieu change sans cesse au cours des actes II et III, utiliseriez-vous un décor simultané à compartiments ? une scène tournante ? Préféreriez-vous un décor simplifié, transformé à tout instant ? Ou, comme JACQUES COPEAU, le simple tréteau de la farce traditionnelle « pour contraindre les acteurs à changer incessamment de place » ?

— Pourquoi, selon vous, Molière attachait-il peu d'importance au décor ? Qu'est-ce qui comptait pour lui (en tant qu'auteur ; en tant que comédien) ? Et pourquoi, depuis le vingtième siècle, les metteurs en scène accordent-ils tant d'importance au décor ? Partagez-vous leur goût ?

## Objets et accessoires

— Énumérez les objets et les accessoires dont vous auriez besoin pour jouer *le Médecin malgré lui*. Justifiez vos exigences. Molière en a-t-il demandé beaucoup ?

## Musique, éclairage

Certaines scènes peuvent être comparées à des ballets comiques.

— Si vous souhaitez de la musique, laquelle choisirez-vous ? A quel moment la ferez-vous intervenir ? et à quelles fins ? Référez-vous, si vous le pouvez, à l'opéra de Gounod, *le Médecin malgré lui*, créé en 1858 à la Gaîté Lyrique.

— Accorderez-vous une importance particulière à l'éclairage et aux jeux de lumière ? Est-il nécessaire de marquer le déroulement du temps au cours de la journée ?

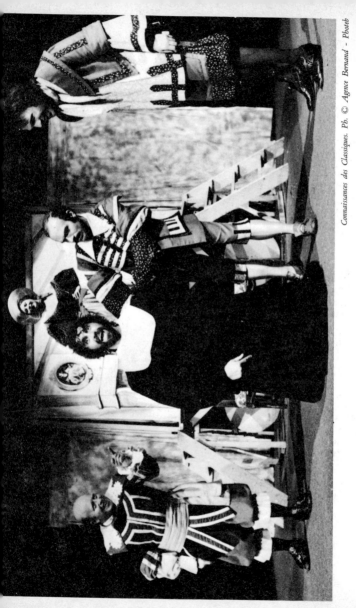

Jacques Le Carpentier (SGANARELLE), Martine Noiret (MARTINE), Jean-Michel Molé (GÉRONTE),
Idriss (LUCAS) et Daniel Thron (VALÈRE) dans

*Connaissances des Classiques. Ph. © Agence Bernand - Photeb*

# ICONOGRAPHIE

## La mise en scène et les personnages

    — En étudiant les documents reproduits, relevez les ressemblances et les différences entre les cinq interprétations de Sganarelle-bûcheron et médecin (âge, physionomie, costume...). Laquelle vous paraît la plus comique? Essayez d'expliquer pourquoi.

    — Commentez les gestes, les attitudes et mimiques des autres personnages de la pièce. Qu'est-ce que l'acteur et le metteur en scène ont voulu faire essentiellement ressortir à chaque fois?

    — Dans quelle mise en scène les costumes vous semblent-ils refléter plus particulièrement la condition sociale des personnages? Laquelle estimez-vous la plus fidèle aux indications de Molière concernant les costumes et les accessoires?

## Un retour à la farce traditionnelle

    — Relevez, dans la mise en scène de Martine Florent (p. 30, 69, 100), les éléments qui marquent un retour à la *Commédia dell'arte*.

    — Qu'apporte, selon vous, leur utilisation?

    — Analysez le « pouvoir d'explication » de la mimique.

## L'espace scénique, les décors

    — Étudiez, à ce sujet, les effets recherchés par les différents metteurs en scène.

# BIBLIOGRAPHIE

La bibliographie de la page 13 concerne les gazettes du XVII<sup>e</sup> siècle ainsi que les biographies et les documents les plus anciens. Ajoutons ici le titre de quelques travaux récents :

P. Bénichou, *Morales du Grand Siècle*, NRF, 1948.

R. Bray, *Molière homme de théâtre*, Mercure de France, 1954.

M. Descotes, *les Grands Rôles du théâtre de Molière*, PUF, 1960.

J. Guicharnaud, *Molière, une aventure théâtrale*, 1963.

Ménard, *Molière ou l'invention comique, la métamorphose des thèmes et la création des types*, Minard, 1966.

Bordonove, *Molière génial et familier*, P. Laffont, 1967.

Jasinski, *Molière*, Hatier, Connaissance des Lettres, 1969.

Bulgakov, *le Roman de Monsieur de Molière*, Éditions Champ Libre, 1973.

J. Audiberti, *Molière*, l'Arche, 1973.

G. A. Goldschmitt, *Molière ou la liberté mise à nu*, Julliard, 1973.

J. P. Collinet, *Lectures de Molière*, A. Colin, 1974.

J. Copeau, *Registres II, Molière*, Gallimard, 1976.

R. Ikor, *Molière double*, PUF, 1977.

# DISCOGRAPHIE

**Dans la collection des SÉLECTIONS SONORES BORDAS**

## LE MÉDECIN MALGRÉ LUI

Textes choisis et présentés par Daniel Bernet.
Réalisation de Bertrand Jérôme.
Musique de Michel Puig.

### LES INTERPRÈTES

| | |
|---|---|
| Jacques Dufilho ............................ | Sganarelle |
| Rosy Varte ................................. | Martine |
| René Renot................................. | Monsieur Robert |
| Jean-Pierre Rambal ......................... | Valère |
| Pierre Tornade ............................. | Lucas |
| Hubert Deschamps .......................... | Géronte |
| Françoise Seigner .......................... | Jacqueline |
| Dominique Vilar ........................... | Lucinde |
| Pierre Pernet .............................. | Léandre |

*Un disque 33 tours, 30 cm*
*Une cassette, 48 mn*

# LA FARCE DU « MÉDECIN VOLANT »

Molière n'ayant pas publié ses premières farces, Vinot et La Grange ne les ayant pas introduites dans le recueil des œuvres de Molière préparé après la mort du comédien [1], on ne devait entendre parler du *Médecin volant*, en même temps que de *la Jalousie du Barbouillé*, qu'en 1731, lorsque Chauvelin de Beauséjour, inspecteur général de la librairie, apprit que le poète Jean-Baptiste Rousseau en possédait le manuscrit.

J.-B. Rousseau ne jugeait pas ces deux farces dignes de Molière, et il écrivit en ces termes à Chauvelin : « Il est aisé de voir que ce n'est pas lui qui les a écrites. Ce sont des canevas tels qu'il les donnait à ses acteurs, qui les remplissaient sur-le-champ, à la manière des Italiens, chacun suivant son talent. Mais il est certain qu'il n'en a jamais rédigé aucun sur le papier, et ce que j'en ai est écrit d'un style de grossier comédien de campagne, et qui n'est digne de Molière ni du public. » Après avoir pris connaissance du manuscrit, Chauvelin partagea cette opinion.

Un peu plus tard, Brossette ayant à son tour demandé communication du manuscrit, J.-B. Rousseau lui adressa une analyse des deux farces, accompagnée de ce commentaire : « Tout cela revêtu du style le plus bas et le plus ignoble que vous puissiez imaginer. » Mais peut-être commençait-il à revenir sur son jugement initial car il émit cette hypothèse : « Le fond de la farce peut être de Molière; on ne l'avait point portée plus haut de ce temps-là; mais comme toutes ces farces se jouaient à l'improvisade, à la manière des Italiens, il est aisé de voir que ce n'est point lui qui en a mis le dialogue sur le papier; et ces sortes de choses, quand même elles seraient meilleures, ne doivent jamais être comptées parmi les ouvrages d'un auteur célèbre. »

Chargé par Rouillé, successeur de Chauvelin, d'écrire une vie de Molière, l'auteur dramatique La Serre fit pourtant état des deux farces : « Les deux pièces se trouvent dans le cabinet de quelques curieux [...]. Il y a quelques phrases et quelques incidents de la première *(le Médecin volant)* qui ont trouvé place dans *le Médecin malgré lui ;* et l'on voit dans *la Jalousie du Barbouillé* un canevas, quoique informe, du troisième acte de *George Dandin.* »

---

1. La Grange, dans son registre, cite une quinzaine de « divertissements » joués par la troupe, mais sans indiquer de nom d'auteur. Parmi les divertissements qui raillent les médecins, relevons : *le Docteur amoureux* (1658), *le Médecin volant* (1659), *les Trois Docteurs rivaux* (1661), *le Docteur pédant* (1660), *le Fagotier* (1660, ébauche du *Médecin malgré lui*).

En 1819 enfin, Viollet le Duc fit imprimer les deux pièces, en justifiant ainsi la publication : « Elles ne seront jugées indignes de Molière par aucun de ceux qui voudront bien considérer à quelle époque, à quel âge et pour quelle destination il les a composées. » Depuis cette date, *le Médecin volant*, comme *la Jalousie du Barbouillé*, figure dans toutes les grandes éditions de Molière. Eugène Despois, auquel tout Moliériste se réfère, a donné le texte du *Médecin volant* d'après le manuscrit L. 2039 de la Mazarine, sans doute celui que J.-B. Rousseau donna.

On s'accorde aujourd'hui à penser que le sujet du *Médecin volant* appartient à la tradition italienne [1]. Par une lettre en vers adressée en 1647 au comte de Fiesque, nous savons que Scaramouche jouait alors *Il Medico volante* (dont nous n'avons pas le texte, probablement un simple canevas, sur lequel Scaramouche improvisait). Après que Molière eut joué son *Médecin volant* à Paris (d'abord au Louvre, le 18 avril 1659) [2], un autre *Médecin volant*, dû à Boursault, fut présenté à l'Hôtel de Bourgogne (en novembre 1661), et cette comédie, en un acte et en vers, fut imprimée trois ans plus tard, avec cet Avis au lecteur : « Le sujet est italien, il a été traduit en notre langue, représenté de tous côtés. »

Comment ne pas penser que les farceurs, comme les auteurs de fables depuis l'antiquité jusqu'au Moyen Age, se copiaient les uns les autres, qu'ils reprenaient tel ou tel canevas, le pastichaient, le remaniaient au gré de l'actualité, sans se soucier de savoir s'ils portaient atteinte à la « propriété littéraire », qui ne devait être définie que deux siècles plus tard ? Molière possédait un recueil de canevas, simples scènes parfois ou répliques venues on ne sait d'où, et dans lequel il puisait au fur et à mesure des besoins. « A lire *le Médecin volant* et *la Jalousie du Barbouillé*, on comprend ce qu'a voulu dire Grimarest quand il a parlé de ce riche fond de textes écrits où Molière puisait pour composer certaines de ses comédies. Car ces deux canevas de construction sommaire sont en réalité constitués par une succession de thèmes comiques, de situations, de mots, que nous retrouverons dans *le Médecin malgré lui*, *George Dandin* et *l'Amour médecin* [3]. Molière n'a jamais oublié ni dédaigné les petits divertissements » (A. Adam, III, p. 255).

Il ne les a jamais oubliés, mais il s'en est vite dégagé. Somaize, dans son pamphlet contre Molière, écrit : « Il a imité par une singerie ridicule dont il était seul capable *le Médecin volant* et plusieurs autres pièces des mêmes Italiens, qu'il n'imite pas seulement en ce qu'ils ont joué sur leur théâtre, mais encore en leurs postures, contrefaisant sans cesse sur le sien et Trivelin et Scaramouche. » Pour jouer le rôle du Médecin volant Sganarelle, il fallait être un mime, un acrobate. Ancien administrateur de la Comédie-Française, Pierre-Aimé Touchard a souligné (*Œuvres* de Molière, tome I, p. 62) « l'importance considérable des jeux de scène

---

1. M. A. Gill (*French Studies*, avril 1948) propose, comme sources du *Médecin volant*, d'abord *gli Ingiusti Sdegni* de Bernardo Pino (Venise, 1559), puis les œuvres du farceur Bruscambille et *Bon jour bon an* de Tabarin. — 2. Il donna 16 représentations de cette farce, jusqu'en juillet 1666, date où elle disparut de l'affiche du Palais Royal. — 3. Molière a utilisé des éléments de l'intrigue du *Médecin volant* dans *l'Amour médecin* (1666), *le Médecin malgré lui* (1666) et *le Malade imaginaire* (1673).

et la gymnastique corporelle »; « l'interprète du rôle de Sganarelle ne peut être qu'un de ces comédiens formés autant à l'école du ballet et de la pantomime qu'à celle du théâtre ». En vieillissant, Molière s'est éloigné de cette farce italienne, trop simpliste, trop grossière, et qui exige trop de prouesses de la part du comédien. « La comparaison entre *le Médecin volant* et *le Médecin malgré lui* sur ce point est éclairante : c'est le passage de la farce italienne à la farce française » (Touchard, I, p. 63). Sans Scaramouche et les Italiens, Molière ne serait peut-être pas devenu le comédien et l'auteur de génie que l'on connaît, « mais il n'a été Molière que contre eux ».

*Le Médecin volant* est schématique comme un scénario de clown : il n'y a aucune transition entre la colère soudaine de Gorgibus lorsqu'il apprend que Sganarelle l'a trompé (avant-dernière scène, l. 383) et sa joie lorsqu'il accorde sa fille à Valère, inspirateur de la tromperie (dernière scène, l. 393). Les plaisanteries scatologiques, les tirades de bonimenteur, qui faisaient la joie du public populaire sous Louis XIII comme au temps de Rabelais, nous gênent aujourd'hui. Mais il est intéressant de rapprocher cette farce du *Médecin malgré lui* pour voir comment les procédés d'un farceur qui venait de « tourner » en province pendant quatorze ans se sont développés, épurés, dans une comédie destinée à l'amusement d'un public parisien assez raffiné, mais d'autant plus amateur de « gauloiseries » qu'il éprouvait le besoin de réagir contre les exigences tyranniques de la préciosité.

Ph. © Agence Bernand/T.

GROS-RENÉ. — *Ma foi, ils ne sont qu'un...* [...]
GURGIBUS. — *Hé bien ! ne les voilà pas tous les deux ?*
(l. 347 et suiv.)

*Le Médecin volant*, Studio des Champs-Élysées, 1958.

# LE MÉDECIN VOLANT

FARCE JOUÉE AU LOUVRE LE 18ᵉ D'AVRIL 1659

> VALÈRE, amant de Lucile.
> SABINE, cousine de Lucile.
> SGANARELLE, valet de Valère.
> GORGIBUS, père de Lucile.
> GROS-RENÉ [1], valet de Gorgibus.
> LUCILE, fille de Gorgibus.
> Un AVOCAT.

### SCÈNE PREMIÈRE. — VALÈRE, SABINE.

VALÈRE. — Hé bien! Sabine, quel conseil me donneras-tu?

SABINE. — Vraiment, il y a bien des nouvelles. Mon oncle veut résolu-
ment que ma cousine épouse Villebrequin, et les affaires sont tellement avancées, que je crois qu'ils eussent été mariés dès aujourd'hui,
si vous n'étiez aimé; mais comme ma cousine m'a confié le secret       5
de l'amour qu'elle vous porte, et que nous nous sommes vues à
l'extrémité [2] par l'avarice de mon vilain oncle, nous nous sommes
avisées d'une bonne invention pour différer le mariage. C'est que
ma cousine, dès l'heure que je vous parle, contrefait la malade [3];
et le bon vieillard, qui est assez crédule, m'envoie querir un          10
médecin. Si vous en pouviez envoyer quelqu'un qui fût de vos bons
amis, et qui fût de notre intelligence, il conseillerait à la malade
de prendre l'air à la campagne. Le bonhomme ne manquera pas
de faire loger ma cousine à ce pavillon qui est au bout de notre
jardin, et par ce moyen vous pourriez l'entretenir à l'insu de notre   15
vieillard, l'épouser, et le laisser pester tout son soûl avec Villebrequin [4].

VALÈRE. — Mais le moyen de trouver sitôt un médecin, à ma poste [5],
et qui voulût tant hasarder pour mon service? Je te le dis franchement, je n'en connais pas un.                                           20

SABINE. — Je songe une chose : si vous faisiez habiller votre valet en
médecin? Il n'y a rien de si facile à duper que le bonhomme.

VALÈRE. — C[6]'est un lourdaud qui gâtera tout; mais il faut s'en servir
faute d'autre. Adieu, je le vais chercher. Où diable trouver ce
maroufle [7] à présent? mais le voici tout à propos.                    25

---

1. Nom de théâtre de l'acteur René Berthelot, dit Du Parc. — 2. Poussées à bout. —
3. Voir le *Médecin malgré lui*, II, 5, l. 830 et suiv. — 4. Surnom de l'acteur Edme Ville-
quin, dit De Brie. Villebrequin n'apparaît pas dans le *Médecin volant*, mais il figure dans
*la Jalousie du Barbouillé*. — 5. A ma convenance. Substantif verbal de *pondre* (lat. *pondere* =
poser) avant la spécialisation du verbe. — 6. Il s'agit du valet. — 7. « Terme injurieux
qu'on donne aux gens gros de corps et grossiers d'esprit » (*Dict.* de Furetière, 1690).

### Scène II. — VALÈRE, SGANARELLE.

VALÈRE. — Ah! mon pauvre Sganarelle, que j'ai de joie de te voir! J'ai besoin de toi dans une affaire de conséquence; mais, comme je ne sais pas ce que tu sais faire...

SGANARELLE. — Ce que je sais faire, Monsieur? Employez-moi seulement en vos affaires de conséquence, en quelque chose d'importance : par exemple, envoyez-moi voir quelle heure il est à une horloge, voir combien le beurre vaut au marché, abreuver un cheval; c'est alors que vous connaîtrez ce que je sais faire.

VALÈRE. — Ce n'est pas cela; c'est qu'il faut que tu contrefasses le médecin.

SGANARELLE. — Moi, médecin, Monsieur! Je suis prêt à faire tout ce qu'il vous plaira; mais pour faire le médecin, je suis assez votre serviteur pour n'en rien faire du tout; et par quel bout m'y prendre, bon Dieu? Ma foi! Monsieur, vous vous moquez de moi.

VALÈRE. — Si tu veux entreprendre cela, va, je te donnerai dix pistoles [1].

SGANARELLE. — Ah! pour dix pistoles, je ne dis pas que je ne sois médecin [2]; car, voyez-vous bien, Monsieur? je n'ai pas l'esprit tant, tant subtil, pour vous dire la vérité; mais, quand je serai médecin, où irai-je?

VALÈRE. — Chez le bonhomme Gorgibus, voir sa fille, qui est malade; mais tu es un lourdaud qui, au lieu de bien faire, pourrais bien...

SGANARELLE. — Hé! mon Dieu, Monsieur, ne soyez point en peine; je vous réponds que je la ferai aussi bien mourir une personne qu'aucun médecin qui soit dans la ville. On dit un proverbe, d'ordinaire : *Après la mort le médecin* [3]; mais vous verrez que, si je m'en mêle, on dira : *Après le médecin, gare la mort!* [4] Mais néanmoins, quand je songe, cela est bien difficile de faire le médecin; et si je ne fais rien qui vaille?...

VALÈRE. — Il n'y a rien de si facile en cette rencontre : Gorgibus est un homme simple, grossier, qui se laissera étourdir de ton discours, pourvu que tu parles d'Hippocrate [5] et de Galien [6], et que tu sois un peu effronté.

SGANARELLE. — C'est-à-dire qu'il lui faudra parler philosophie, mathématique. Laissez-moi faire; s'il est un homme facile, comme vous le dites, je vous réponds de tout; venez seulement me faire avoir un habit de médecin, et m'instruire de ce qu'il faut faire, et me donner mes licences, qui sont les dix pistoles promises [7].

*(Valère et Sganarelle s'en vont.)*

---

1. Pièces d'or valant onze livres. — 2. Voir *le Médecin malgré lui*, I, 5, 1. 424. — 3. Le médecin arrive toujours après que le malade est mort. — 4. Le médecin tue ses malades; voir *Satire de la médecine*, p. 59. — 5. Voir p. 54, note 3. — 6. Médecin de Marc-Aurèle et de Commode. — 7. Voir *le Médecin malgré lui*, I, 5, 1. 431.

### Scène III. — GORGIBUS, GROS-RENÉ.

GORGIBUS. — Allez vivement chercher un médecin; car ma fille est
   bien malade, et dépêchez-vous.

GROS-RENÉ. — Que diable aussi! pourquoi vouloir donner votre [65]
   fille à un vieillard? Croyez-vous que ce ne soit pas le désir qu'elle
   a d'avoir un jeune homme qui la travaille [1]? Voyez-vous la connexité qu'il y a, etc. *(Galimatias [2].)*

GORGIBUS. — Va-t'en vite; je vois bien que cette maladie-là reculera
   bien les noces. [70]

GROS-RENÉ. — Et c'est ce qui me fait enrager : je croyais refaire mon
   ventre d'une bonne carbure [3], et m'en voilà sevré. Je m'en vais chercher un médecin pour moi aussi bien que pour votre fille; je suis
   désespéré.

                                                        *(Il sort.)*

### Scène IV. — SABINE, GORGIBUS, SGANARELLE.

SABINE. — Je vous trouve à propos, mon oncle, pour vous apprendre [75]
   une bonne nouvelle. Je vous amène le plus habile médecin du
   monde, un homme qui vient des pays étrangers, qui sait les plus
   beaux secrets, et qui sans doute [4] guérira ma cousine. On me l'a
   indiqué par bonheur, et je vous l'amène. Il est si savant, que je
   voudrais de bon cœur être malade afin qu'il me guérît. [80]

GORGIBUS. — Où est-il donc?

SABINE. — Le voilà qui me suit; tenez, le voilà.

GORGIBUS. — Très humble serviteur à Monsieur le médecin! je vous
   envoie querir pour voir ma fille, qui est malade; je mets toute
   mon espérance en vous. [85]

SGANARELLE. — Hippocrate dit, et Galien [5], par vives raisons, persuade
   qu'une personne ne se porte pas bien quand elle est malade. Vous
   avez raison de mettre votre espérance en moi; car je suis le plus
   grand, le plus habile, le plus docte médecin qui soit dans la faculté
   végétale, sensitive et minérale. [90]

GORGIBUS. — J'en suis fort ravi.

SGANARELLE. — Ne vous imaginez pas que je sois un médecin ordinaire,
   un médecin du commun. Tous les autres médecins ne sont, à
   mon égard, que des avortons de médecine. J'ai des talents parti-
   culiers, j'ai des secrets. *Salamalec, salamalec [6].* « Rodrigue, as-tu [95]
   du cœur? » *Signor, si; segnor, non. Per omnia saecula saeculorum [7].*
   Mais encore voyons un peu.

---

1. Voir la réflexion de Jacqueline dans *le Médecin malgré lui*, II, 1, l. 458 et suiv. —
2. Molière laisse à l'acteur le soin d'improviser. — 3. Certains éditeurs lisent *carrelure*
(semelles neuves); d'un homme qui a bien mangé, on disait qu'il s'était fait « une bonne
carrelure de ventre » (*Dict. de l'Acad.*, 1694). La *garbure* est une soupe aux choux et au
lard. — 4. *Sans aucun doute*. — 5. Voir p. 118, notes 5 et 6. — 6. De l'arabe *salan ale'k* =
salut sur toi. — 7. Mélange d'italien, d'espagnol et de latin d'église : « Oui, Monsieur;
non, Monsieur. A travers tous les siècles. »

SABINE. — Hé! ce n'est pas lui qui est malade, c'est sa fille.

SGANARELLE. — Il n'importe : le sang du père et de la fille ne sont qu'une même chose; et par l'altération de celui du père, je puis connaître [100] la maladie de la fille [1]. Monsieur Gorgibus, y aurait-il moyen de voir l'urine de l'égrotante [2] ?

GORGIBUS. — Oui-da; Sabine, vite allez querir de l'urine de ma fille. *(Sabine sort.)* Monsieur le médecin j'ai grand'peur qu'elle ne meure. [105]

SGANARELLE. — Ah! qu'elle s'en garde bien! il ne faut pas qu'elle s'amuse à se laisser mourir sans l'ordonnance du médecin [3]. *(Sabine rentre.)* Voilà de l'urine qui marque grande chaleur, grande inflammation dans les intestins : elle n'est pas tant mauvaise pourtant [4]. [110]

GORGIBUS. — Hé quoi! Monsieur, vous l'avalez ?

SGANARELLE. — Ne vous étonnez pas de cela; les médecins, d'ordinaire, se contentent de la regarder; mais moi, qui suis un médecin hors du commun, je l'avale, parce qu'avec le goût je discerne bien mieux la cause et les suites de la maladie. Mais, à vous dire la [115] vérité, il y en avait trop peu pour asseoir un bon jugement : qu'on la fasse encore pisser.

SABINE *sort et revient.* — J'ai eu de la peine à la faire pisser.

SGANARELLE. — Que cela ? voilà bien de quoi! Faites-la pisser copieusement, copieusement. Si tous les malades pissent de la sorte, je [120] veux être médecin toute ma vie [4].

SABINE *sort et revient.* — Voilà tout ce qu'on peut avoir : elle ne peut pas pisser davantage.

SGANARELLE. — Quoi! Monsieur Gorgibus, votre fille ne pisse que des gouttes ? Voilà une pauvre pisseuse que votre fille; je vois bien qu'il [125] faudra que je lui ordonne une potion pissative. N'y aurait-il pas moyen de voir la malade ?

SABINE. — Elle est levée; si vous voulez, je la ferai venir.

## Scène V. — LUCILE, SABINE, GORGIBUS, SGANARELLE.

SGANARELLE. — Hé bien! Mademoiselle, vous êtes malade ?

LUCILE. — Oui, Monsieur. [130]

SGANARELLE. — Tant pis! c'est une marque que vous ne vous portez pas bien. Sentez-vous de grandes douleurs à la tête, aux reins ?

LUCILE. — Oui, Monsieur.

SGANARELLE. — C'est fort bien fait. Ovide, ce grand médecin, au chapitre qu'il a fait de la nature des animaux, dit... cent belles [135] choses; et comme les humeurs qui ont de la connexité [5] ont beau-

---

1. Cf. *l'Amour médecin*, II, 5 : « Votre fille est bien malade. — Vous connaissez cela ici? — Oui, par la sympathie qu'il y a entre le père et la fille. » — 2. Mot savant : la malade. — 3. Voir *le Médecin malgré lui* (II, 4, l. 621) : « Il ne faut pas qu'elle meure sans l'ordonnance du médecin. » — 4. L'acteur boit du vin. Ces plaisanteries scatologiques étaient dans la tradition de Rabelais et des fabliaux. Elles seront encore courantes au XVIIIᵉ siècle sur les théâtres de la foire : voir *le Barbier de Séville* Bordas p. 5. — 5. Voir p. 78, l. 1018 et suiv.

coup de rapport ; car, par exemple, comme la mélancolie est enne-
mie de la joie, èt que la bile qui se répand par le corps nous fait
devenir jaunes, et qu'il n'est rien plus contraire à la santé que la
maladie, nous pouvons dire, avec ce grand homme, que votre fille 140
est fort malade. Il faut que je vous fasse une ordonnance.

GORGIBUS. — Vite une table, du papier, de l'encre.

SGANARELLE. — Y a-t-il ici quelqu'un qui sache écrire ?

GORGIBUS. — Est-ce que vous ne le savez point ?

SGANARELLE. — Ah ! je ne m'en souvenais pas ; j'ai tant d'affaires dans 145
la tête, que j'oublie la moitié... Je crois qu'il serait nécessaire
que votre fille prît un peu l'air, qu'elle se divertît à la campagne.

GORGIBUS. — Nous avons un fort beau jardin, et quelques chambres
qui y répondent [1] ; si vous le trouvez à propos, je l'y ferai loger.

SGANARELLE. — Allons, allons visiter les lieux [2]. 150

*(Ils sortent tous.)*

## Scène VI. — L'AVOCAT.

J'ai ouï dire que la fille de M. Gorgibus était malade ; il faut que
je m'informe de sa santé, et que je lui offre mes services comme
ami de toute sa famille. Holà ! holà ! M. Gorgibus y est-il ?

## Scène VII. — GORGIBUS, L'AVOCAT.

GORGIBUS. — Monsieur, votre très humble, etc.

L'AVOCAT. — Ayant appris la maladie de Mademoiselle votre fille, je 155
vous suis venu témoigner la part que j'y prends, et vous faire offre
de tout ce qui dépend de moi.

GORGIBUS. — J'étais là-dedans avec le plus savant homme.

L'AVOCAT. — N'y aurait-il pas moyen de l'entretenir un moment ?

## Scène VIII. — GORGIBUS, L'AVOCAT, SGANARELLE.

GORGIBUS. — Monsieur, voilà un fort habile homme de mes amis qui 160
souhaiterait de vous parler et vous entretenir.

SGANARELLE. — Je n'ai pas le loisir, Monsieur Gorgibus : il faut aller
à mes malades. Je ne prendrai pas la droite avec vous, Monsieur [3].

L'AVOCAT. — Monsieur, après ce que m'a dit M. Gorgibus de votre
mérite et de votre savoir, j'ai eu la plus grande passion du monde 165
d'avoir l'honneur de votre connaissance, et j'ai pris la liberté de
vous saluer à ce dessein : je crois que vous ne le trouverez pas
mauvais. Il faut avouer que tous ceux qui excellent en quelque
science sont dignes de grande louange, et particulièrement ceux
qui font profession de la médecine, tant à cause de son utilité, 170
que parce qu'elle contient en elle plusieurs autres sciences, ce qui
rend sa parfaite connaissance fort difficile ; et c'est fort à propos

---

1. Qui donnent sur le jardin. — 2. Cette conscience professionnelle s'explique à la
scène 10 (l. 205). — 3. Je ne serai pas votre auxiliaire ; cf. être le bras droit de quelqu'un.

qu'Hippocrate dit dans son premier aphorisme : *Vita brevis, ars vero longo, occasio autem praeceps, experimentum periculosum, judicium difficile* [1]. 175

SGANARELLE, *à Gorgibus*. — *Ficile tantina pota baril combustibus* [2].

L'AVOCAT. — Vous n'êtes pas de ces médecins qui ne vous appliquez qu'à la médecine qu'on appelle rationale [3] ou dogmatique, et je crois que vous l'exercez tous les jours avec beaucoup de succès : *experientia magistra rerum* [4]. Les premiers hommes qui firent 18 profession de la médecine furent tellement estimés d'avoir cette belle science, qu'on les mit au nombre des Dieux pour les belles cures qu'ils faisaient tous les jours. Ce n'est pas qu'on doive mépriser un médecin qui n'aurait pas rendu la santé à son malade, parce qu'elle ne dépend pas absolument de ses remèdes, ni de son 18 savoir : *Interdum docta plus valet arte malum* [5]. Monsieur, j'ai peur de vous être importun :. je prends congé de vous, dans l'espérance que j'ai qu'à la première vue j'aurai l'honneur de converser avec vous avec plus de loisir. Vos heures vous sont précieuses, etc.
*(L'avocat sort.)* 190

GORGIBUS. — Que vous semble de cet homme-là ?

SGANARELLE. — Il sait quelque petite chose. S'il fût demeuré tant soit peu davantage, je l'allais mettre sur une matière sublime et relevée. Cependant, je prends congé de vous. *(Gorgibus lui donne de l'argent.)* Hé que voulez-vous faire ? 195

GORGIBUS. — Je sais bien ce que je vous dois.

SGANARELLE. — Vous vous moquez, Monsieur Gorgibus. Je n'en prendrai pas, je ne suis pas un homme mercenaire. *(Il prend l'argent.)* Votre très humble serviteur.

*(Sganarelle sort, et Gorgibus rentre dans sa maison.)*

## Scène IX. — VALÈRE.

Je ne sais ce qu'aura fait Sganarelle : je n'ai point eu de ses nou- 200 velles, et je suis fort en peine où je le pourrais rencontrer. *(Sganarelle revient en habit de valet.)* Mais bon, le voici. Hé bien ! Sganarelle, qu'as-tu fait depuis que je ne t'ai point vu ?

## Scène X. — SGANARELLE, VALÈRE.

SGANARELLE. — Merveille sur merveille ; j'ai si bien fait, que Gorgibus me prend pour un habile médecin. Je me suis introduit chez lui, 205 et lui ai conseillé de faire prendre l'air à sa fille, laquelle est à présent dans un appartement qui est au bout de leur jardin, telle-

---

1. « La vie est courte, l'art est long, l'occasion fugitive, l'expérience dangereuse, le jugement difficile » (Hippocrate, *Aphorismes*, début). — 2. Sganarelle reprend la fin du dernier mot, puis utilise des mots dépourvus de sens. — 3. Rationnelle. — 4. « L'expérience enseigne les choses » (Érasme, *Adages*, article *Experientiae*). — 5. « Le mal est quelquefois plus fort que l'art et que la science » (Ovide, *Pontiques*, I, 3, v. 18).

ment qu'elle est fort éloignée du vieillard, et que vous pouvez l'aller
voir commodément.

VALÈRE. — Ah! que tu me donnes de joie! Sans perdre de temps, je la [210]
vais trouver de ce pas. *(Il sort.)*

SGANARELLE. — Il faut avouer que ce bonhomme Gorgibus est un vrai
lourdaud de se laisser tromper de la sorte. *(Apercevant Gorgibus.)* Ah! ma foi, tout est perdu; c'est à ce coup que voilà la médecine renversée. Mais il faut que je le trompe. [215]

## Scène XI. — SGANARELLE, GORGIBUS.

GORGIBUS. — Bonjour, Monsieur.

SGANARELLE. — Monsieur, votre serviteur. Vous voyez un pauvre
garçon au désespoir; ne connaissez-vous pas un médecin qui est
arrivé depuis peu en cette ville, qui fait des cures admirables?

GORGIBUS. — Oui, je le connais : il vient de sortir de chez moi. [220]

SGANARELLE. — Je suis son frère, Monsieur : nous sommes gémeaux [1];
et, comme nous nous ressemblons fort, on nous prend quelquefois l'un pour l'autre.

GORGIBUS. — Je dédonne au diable [2] si je n'y ai été trompé. Et comme [3]
vous nommez-vous? [225]

SGANARELLE. — Narcisse, Monsieur, pour vous rendre service. Il faut
que vous sachiez qu'étant dans son cabinet, j'ai répandu deux fioles
d'essence qui étaient sur le bout de sa table; aussitôt il s'est mis
dans une colère si étrange contre moi, qu'il m'a mis hors du logis,
et ne me veut plus jamais voir, tellement que je suis un pauvre [230]
garçon à présent sans appui, sans support, sans aucune connaissance [4].

GORGIBUS. — Allez, je ferai votre paix : je suis de ses amis, et je vous
promets de vous remettre avec lui. Je lui parlerai d'abord [5] que je
le verrai. [235]

SGANARELLE. — Je vous serai bien obligé, Monsieur Gorgibus.

*(Sganarelle sort, et rentre aussitôt avec sa robe de médecin.)*

## Scène XII. — SGANARELLE, GORGIBUS.

SGANARELLE. — Il faut avouer que quand les malades ne veulent pas
suivre l'avis du médecin, et qu'ils s'abandonnent à la débauche,
que...

GORGIBUS. — Monsieur le Médecin, votre très humble serviteur. Je [240]
vous demande une grâce.

SGANARELLE. — Qu'y a-t-il, Monsieur? est-il question de vous rendre
service?

GORGIBUS. — Monsieur, je viens de rencontrer Monsieur votre frère,
qui est tout à fait fâché de... [245]

---

1. Vieilli pour : jumeaux. — 2. Dédonner, c'est reprendre ce qu'on a donné; un mécréant
dirait : je me donne au diable, un honnête homme corrompt le verbe, comme il corrompt
le mot *Dieu* dans : sacre*bleu !* — 3. Comment. — 4. Sans aucun ami. — 5. Dès.

SGANARELLE. — C'est un coquin, Monsieur Gorgibus.

GORGIBUS. — Je vous réponds qu'il est tellement contrit de vous avoir
    mis en colère...

SGANARELLE. — C'est un ivrogne, Monsieur Gorgibus.

GORGIBUS. — Hé! Monsieur, vous voulez désespérer ce pauvre garçon ? 250

SGANARELLE. — Qu'on ne m'en parle plus; mais voyez l'impudence
    de ce coquin-là, de vous aller trouver pour faire son accord; je vous
    prie de ne m'en pas parler.

GORGIBUS. — Au nom de Dieu! Monsieur le Médecin! et faites cela pour
    l'amour de moi. Si je suis capable de vous obliger en autre chose, 255
    je le ferai de bon cœur. Je m'y suis engagé, et...

SGANARELLE. — Vous m'en priez avec tant d'instance, que, quoique
    j'eusse fait serment de ne lui pardonner jamais, allez, touchez là :
    je lui pardonne. Je vous assure que je me fais grande violence,
    et qu'il faut que j'aie bien de la complaisance pour vous. Adieu, 260
    Monsieur Gorgibus.

GORGIBUS. — Monsieur, votre très humble serviteur; je m'en vais cher-
    cher ce pauvre garçon pour lui apprendre cette bonne nouvelle.

*(Gorgibus rentre dans sa maison, et Sganarelle s'en va.)*

### Scène XIII. — VALÈRE, SGANARELLE.

VALÈRE. — Il faut que j'avoue que je n'eusse jamais cru que Sganarelle
    se fût si bien acquitté de son devoir. *(Sganarelle rentre avec ses* 265
    *habits de valet.)* Ah! mon pauvre garçon, que je t'ai d'obligation!
    que j'ai de joie! et que...

SGANARELLE. — Ma foi, vous parlez fort à votre aise. Gorgibus m'a
    rencontré; et, sans une invention que j'ai trouvée, toute la mèche
    était découverte. *(Apercevant Gorgibus.)* Mais fuyez-vous-en, le 270
    voici.

*(Valère sort.)*

### Scène XIV. — GORGIBUS, SGANARELLE.

GORGIBUS. — Je vous cherchais partout pour vous dire que j'ai parlé
    à votre frère : il m'a assuré qu'il vous pardonnait; mais, pour en
    être plus assuré, je veux qu'il vous embrasse en ma présence; en-
    trez dans mon logis, et je l'irai chercher. 275

SGANARELLE. — Ah! Monsieur Gorgibus; je ne crois pas que vous le
    trouviez à présent; et puis je ne resterai pas chez vous : je crains
    trop sa colère.

GORGIBUS. — Ah! vous demeurerez, car je vous enfermerai. Je m'en
    vais à présent chercher votre frère : ne craignez rien, je vous 280
    réponds qu'il n'est plus fâché. *(Gorgibus sort.)*

SGANARELLE, *de la fenêtre.* — Ma foi, me voilà attrapé ce coup-là; il
    n'y a plus moyen de m'en échapper. Le nuage est fort épais, et j'ai
    bien peur que, s'il vient à crever, il ne grêle sur mon dos force

coups de bâton[1], ou que, par quelque ordonnance plus forte[2] que 285
toutes celles des médecins, on m'applique tout au moins un cautère
royal[3] sur les épaules. Mes affaires vont mal ; mais pourquoi se
désespérer ? Puisque j'ai tant fait, poussons la fourbe[4] jusques au
bout. Oui, oui, il en faut encore sortir, et faire voir que Sganarelle est
le roi des fourbes. 290

*(Sganarelle saute par la fenêtre et s'en va.)*

## Scène XV. — GROS-RENÉ, GORGIBUS, SGANARELLE.

GROS-RENÉ. — Ah ! ma foi, voilà qui est drôle ! comme diable on saute
ici par les fenêtres ! Il faut que je demeure ici, et que je voie à quoi
tout cela aboutira.

GORGIBUS. — Je ne saurais trouver ce médecin ; je ne sais où diable
il s'est caché. *(Apercevant Sganarelle, qui revient en habit de méde-* 295
*cin.)* Mais le voici. Monsieur, ce n'est pas assez d'avoir pardonné
à votre frère ; je vous prie, pour ma satisfaction, de l'embrasser :
il est chez moi, et je vous cherchais partout pour vous prier de faire
cet accord en ma présence.

SGANARELLE. — Vous vous moquez, Monsieur Gorgibus : n'est-ce pas 300
assez que je lui pardonne ? je ne le veux jamais voir.

GORGIBUS. — Mais, Monsieur, pour l'amour de moi.

SGANARELLE. — Je ne vous saurais rien refuser : dites-lui qu'il des-
cende.

*(Pendant que Gorgibus entre dans sa maison par la porte, Sganarelle* 305
*y rentre par la fenêtre.)*

GORGIBUS, *à la fenêtre.* — Voilà votre frère qui vous attend là-bas : il
m'a promis qu'il fera tout ce que je voudrai.

SGANARELLE, *à la fenêtre.* — Monsieur Gorgibus, je vous prie de le faire
venir ici ; je vous conjure que ce soit en particulier que je lui de- 310
mande pardon, parce que sans doute il me ferait cent hontes et cent
opprobres devant tout le monde.

*(Gorgibus sort de sa maison par la porte, et Sganarelle par la fenêtre.)*

GORGIBUS. — Oui-da, je m'en vais lui dire. Monsieur, il dit qu'il est
honteux, et qu'il vous prie d'entrer, afin qu'il vous demande par- 315
don en particulier. Voilà la clef, vous pouvez entrer ; je vous supplie
de ne me pas refuser et de me donner ce contentement.

SGANARELLE. — Il n'y a rien que je ne fasse pour votre satisfaction : vous
allez entendre de quelle manière je le vais traiter. *(A la fenêtre.)*
Ah ! te voilà, coquin. — Monsieur mon frère, je vous demande par- 320
don, je vous promets qu'il n'y a point de ma faute. — Il n'y a point
de ta faute, pilier de débauche, coquin ? Va, je t'apprendrai à
vivre. Avoir la hardiesse d'importuner M. Gorgibus, de lui rompre
la tête de ses sottises ! — Monsieur mon frère... — Tais-toi, te dis-je.
— Je ne vous désoblig... — Tais-toi, coquin ! 325

1. Cf. *les Fourberies de Scapin*, I, 1, Bordas l. 34. — 2. Jeu sur le mot : une *ordonnance*
royale. — 3. Marque du fer rouge sur l'épaule des galériens. — 4. Vieilli : fourberie,
tromperie bassement artificieuse.

GROS-RENÉ. — Qui diable pensez-vous qui soit chez vous à présent ?

GORGIBUS. — C'est le médecin et Narcisse son frère ; ils avaient quelque différend, et ils font leur accord.

GROS-RENÉ. — Le diable emporte ! ils ne sont qu'un.

SGANARELLE, *à la fenêtre.* — Ivrogne que tu es, je t'apprendrai à vivre ! [330] Comme il baisse la vue ! il voit bien qu'il a failli, le pendard. Ah ! l'hypocrite, comme il fait le bon apôtre.

GROS-RENÉ. — Monsieur, dites-lui un peu par plaisir qu'il fasse mettre son frère à la fenêtre.

GORGIBUS. — Oui-da, Monsieur le Médecin, je vous prie de faire paraî- [335] tre votre frère à la fenêtre.

SGANARELLE, *de la fenêtre.* — Il est indigne de la vue des gens d'honneur, et puis je ne le saurais souffrir auprès de moi.

GORGIBUS. — Monsieur, ne me refusez pas cette grâce, après toutes celles que vous m'avez faites. [340]

SGANARELLE, *de la fenêtre.* — En vérité, Monsieur Gorgibus, vous avez un tel pouvoir sur moi que je ne vous puis rien refuser. Montre, montre-toi, coquin ! (*Après avoir disparu un moment, il se remontre en habit de valet.*) — Monsieur Gorgibus, je suis votre obligé. (*Il disparaît encore, et reparaît aussitôt en robe de médecin.*) — Hé [345] bien ! avez-vous vu [1] cette image de la débauche ?

GROS-RENÉ. — Ma foi, ils ne sont qu'un, et, pour vous le prouver, dites-lui un peu que vous les voulez voir ensemble.

GORGIBUS. — Mais faites-moi la grâce de les faire paraître avec vous et de l'embrasser devant moi à la fenêtre. [350]

SGANARELLE, *de la fenêtre.* — C'est une chose que je refuserais à tout autre qu'à vous ; mais pour vous montrer que je veux tout faire pour l'amour de vous, je m'y résous, quoique avec peine, et veux auparavant qu'il vous demande pardon de toutes les peines qu'il vous a données. — Oui, Monsieur Gorgibus, je vous demande [355] pardon de vous avoir tant importuné, et vous promets, mon frère, en présence de Monsieur Gorgibus que voilà, de faire si bien désormais, que vous n'aurez plus lieu de vous plaindre, vous priant de ne plus songer à ce qui s'est passé. (*Il embrasse son chapeau et sa fraise [2], qu'il a mis au bout de son coude.*) [360]

GORGIBUS. — Hé bien ! ne les voilà pas tous deux ?

GROS-RENÉ. — Ah ! par ma foi, il est sorcier.

SGANARELLE, *sortant de la maison en médecin.* — Monsieur, voilà la clef de votre maison que je vous rends ; je n'ai pas voulu que ce coquin soit descendu avec moi, parce qu'il me fait honte : je ne voudrais [365] pas qu'on le vît en ma compagnie dans la ville, où je suis en quelque réputation. Vous irez le faire sortir quand bon vous semblera. Je vous donne le bonjour, et suis votre, etc. (*Il feint de s'en aller et, après avoir mis bas sa robe, rentre dans la maison par la fenêtre.*) [370]

---

1. Variante (1660) : « *Avez-vous* cette... ». — 2. C'est dans de tels jeux de scène (aujourd'hui réservés aux clowns) que triomphaient Scaramouche et le jeune Molière.

GORGIBUS. — Il faut que j'aille délivrer ce pauvre garçon; en vérité, s'il lui a pardonné, ce n'a pas été sans le bien maltraiter.
*(Il entre dans sa maison, et en sort avec Sganarelle en habit de valet.)*

SGANARELLE. — Monsieur, je vous remercie de la peine que vous avez prise et de la bonté que vous avez eue : je vous en serai obligé toute ma vie. [375]

GROS-RENÉ. — Où pensez-vous que soit à présent le médecin ?

GORGIBUS. — Il s'en est allé.

GROS-RENÉ, *qui a ramassé la robe de Sganarelle*. — Je le tiens sous mon bras. Voilà le coquin qui faisait le médecin, et qui vous trompe. [380] Cependant qu'il vous trompe et joue la farce chez vous, Valère et votre fille sont ensemble, qui s'en vont à tous les diables.

GORGIBUS. — Ah! que je suis malheureux! mais tu seras pendu, fourbe, coquin [1]!

SGANARELLE. — Monsieur, qu'allez-vous faire de me pendre ? Écoutez [385] un mot, s'il vous plaît : il est vrai que c'est par mon invention que mon maître est avec votre fille; mais en le servant, je ne vous ai point désobligé : c'est un parti sortable pour elle, tant pour la naissance que pour les biens [2]. Croyez-moi, ne faites point un vacarme qui tournerait à votre confusion, et envoyez à tous les [390] diables ce coquin-là, avec Villebrequin [3]. Mais voici nos amants.

SCÈNE DERNIÈRE. — VALÈRE, LUCILE, GORGIBUS, SGANARELLE.

VALÈRE. — Nous nous jetons à vos pieds.

GORGIBUS. — Je vous pardonne, et suis heureusement trompé par Sganarelle, ayant un si brave gendre. Allons tous faire noces, et boire à la santé de toute la compagnie. [395]

---

1. Cf. *le Médecin malgré lui* (III, 8, l. 1125) : « Vous serez pendu, Monsieur le Médecin », dit Lucas. — 2. La fortune. — 3. Voir p. 117, note 4.

# TABLE DES MATIÈRES

Imprimerie Berger-Levrault, Nancy. — 779203-08-1985.
Dépôt légal : août 1985. — Dépôt 1<sup>re</sup> édition : 1963.
*Imprimé en France.*